bhv PRAXIS

CorelDRAW Graphics Suite X6

Winfried Seimert

bhv PRAXIS
CorelDRAW
Graphics Suite X6

Bibliografische Information der Deutschen Nationalbibliothek

Die Deutsche Nationalbibliothek verzeichnet diese Publikation in der Deutschen Nationalbibliografie; detaillierte bibliografische Daten sind im Internet über <http://dnb.d-nb.de> abrufbar.

Bei der Herstellung des Werkes haben wir uns zukunftsbewusst für umweltverträgliche und wiederverwertbare Materialien entschieden.

Der Inhalt ist auf elementar chlorfreies Papier gedruckt.

ISBN 978-3-8266-7571-3
1. Auflage 2012

E-Mail: kundenbetreuung@hjr-verlag.de

Telefon: +49 89/2183-7928
Telefax: +49 89/2183-7620

© 2012 bhv, eine Marke der Verlagsgruppe Hüthig Jehle Rehm GmbH
Heidelberg, München, Landsberg, Frechen, Hamburg

Dieses Werk, einschließlich aller seiner Teile, ist urheberrechtlich geschützt. Jede Verwertung außerhalb der engen Grenzen des Urheberrechtsgesetzes ist ohne Zustimmung des Verlages unzulässig und strafbar. Dies gilt insbesondere für Vervielfältigungen, Übersetzungen, Mikroverfilmungen und die Einspeicherung und Verarbeitung in elektronischen Systemen.

Printed in Germany

Lektorat: Steffen Dralle
Korrektorat: Frauke Wilkens
Satz: Petra Kleinwegen

Inhalt

Einleitung **9**
Konzeption des Buches... 9
Beispieldateien 10

1 CorelDRAW Graphics Suite X6 .... **11**
Vorbereitungsmaßnahmen... 12
    Hardwarevoraussetzungen 12
    CorelDRAW Graphics Suite X6 installieren.......... 13
    Corel Website Creator installieren..................... 14
CorelDRAW Graphics Suite X6 kennenlernen................ 17
CorelDRAW Graphics Suite X6 warten 23
Programme der CorelDRAW Graphics Suite beenden. 24

2 Illustrationen mit CorelDRAW **25**
Den Arbeitsbildschirm erkunden.................................. 26
Eine Datei anlegen und einrichten............................... 29
Ein Logo gestalten.. 32
    Hilfslinien.. 33
    Das Auto... 36
    Hintergrund des Logos 58
    Abschlussarbeiten.. 65

3 Bildbearbeitung mit Corel PHOTO-PAINT **71**
Den Arbeitsbildschirm erkunden.................................. 72
Woher die Bilder kommen... 73
    Bilder einscannen 73
    Digitalkamera 79
    Dateien öffnen 80
Grundlegende Bildbearbeitungen................................ 82
    Bilder drehen 82
    Bilder beschneiden 83
    Bilder anpassen 85
    Bildanpassungseditor....................................... 87
    Bilder gerade richten 90

Verbesserung der Bildqualität 91
Bilder retuschieren 96
Fotomontagen 100
   Freistellungsaktionen 100
   Collagen leicht gemacht 109
Texteffekte 111
   Der Schriftzug 111
   Das Foto 113
   Schrift mit Pep 115

4 Publikationen mit CorelDRAW 119
Vorarbeiten 120
Die Titelseite 127
   Die Titelleiste 129
   Die Titeltexte 130
   Zweitverwertung des Logos 133
   Die Schlagzeile 135
   Der Leitartikel 136
Mittelseiten 146
   Stilmittel 146
   Seitenaufteilung 148
   Text importieren 150
   Textumbruch 153
   Stilelemente für die dritte Seite 155
Die letzte Seite 157
   Die dritte Dimension 159
   Das Puzzle 163
   Der Gewinnspieltext mit Hülle 171
Ausdruck 172
   Duplexdruck 174
   Seitensortierungsansicht 175

5 Webdesign mit Corel Website Creator 177
Eine Site erstellen 178
   Site-Assistent 179
   Site anpassen 183
Site publizieren 187

6 Verwaltungsarbeiten ... 191

Corel CAPTURE ... 192
    Einstellungsarbeiten ... 192
    Arbeitsweise ... 194
Corel CONNECT ... 195
Font Navigator ... 201
Vorlagen ... 202

Index ... 205

Einleitung

CorelDRAW Graphics Suite X6 ist eine Grafikdesign-Komplettlösung, mit der alle gestalterischen Arbeiten leicht von der Hand gehen. Mit diesem Programmpaket können Sie Ihre kreativen Ideen schnell umzusetzen. Die einfach zu bedienenden Werkzeuge und Funktionen eignen sich für alle Arten von Grafikarbeiten, gleich ob Sie eindrucksvolle Karten, Einladungen, Webgrafiken, Logos, professionell wirkende Broschüren oder Poster für Schule, Verein und Familie entwerfen wollen.

Konzeption des Buches

Dieses Buch soll Ihnen den Einstieg in das doch recht umfangreiche Programm erleichtern.

Anhand eines konkreten Beispiels werden Ihnen zu den beiden Hauptbestandteilen der Suite die wichtigsten praxisrelevanten Funktionen und Techniken vermittelt. Dabei werden Ihnen die wichtigsten Schritte aufgezeigt und durch entsprechende Abbildungen vertieft, die Ihnen wertvolle Hilfen bei den einzelnen Einstellungen geben. Sie erfahren alles, was Sie für die tägliche Arbeit mit der Suite wissen müssen. Sie sehen zunächst, wie Sie das Programmpaket problemlos auf Ihren Rechner bekommen und wie Sie auf dem neuesten Stand bleiben. Danach lernen Sie die elementarsten Arbeitstechniken der beiden Hauptanwendungen kennen: CorelDRAW und Corel PHOTO-PAINT. Anschließend erfahren Sie, wie Sie mit der Suite auch Webseiten designen können und was Sie dazu benötigen. Zum Schluss erfahren Sie, was es mit Corel CONNECT und Corel CAPTURE auf sich hat und wo man diese Programme einsetzt. Sie werden ein aussagekräftiges Logo, eine kleine Zeitschrift und einen Internetauftritt entwerfen und gestalten und die dafür notwendigen Fotos bearbeiten und aufbereiten. Darüber hinaus sehen Sie, wie man mit den zuverlässigen Gestaltungswerkzeugen und Vorlagen kraftvolle und eindrucksvolle Designs gestalten kann und den Durchblick bei den vielen Grafik- und Bilddateien bewahrt.

Mit diesem Grundwissen ausgestattet, sollten Sie nach der Lektüre dieses Buches in der Lage sein, mittelschwere Grafiken zu erstellen, Fotos erheblich zu verbessern und gerüstet sein, weiter in die Tiefen der Programme vorzudringen.

Beispieldateien

Dieses Buch ist eigentlich so angelegt, dass Sie die benötigten Daten aus Übungsgründen selbst eingeben sollten. Reicht allerdings Ihre Zeit nicht aus, können Sie die gepackten Daten unter der Adresse *www.it-fachportal.de/7571* herunterladen. Kopieren Sie diese Datei am besten in die Bibliothek *Dokumente*, klicken Sie dann mit der rechten Maustaste darauf und wählen Sie den Kontextmenüeintrag *Alle extrahieren*.

Anschließend können Sie den Speicherort noch ändern. Wenn Sie aber wie beschrieben vorgegangen sind, bestätigen Sie die Aktion nur noch mit einem Klick auf die Schaltfläche *Extrahieren*.

In dem Ordner finden Sie anschließend die Beispiele, die in diesem Buch verwendet werden, und können dann mit ihrer Hilfe am praktischen Beispiel die vielen Erläuterungen nachvollziehen und sie so besser verstehen.

1 CorelDRAW Graphics Suite X6

Ziel

⇨ Sie mit dem Notwendigsten an Wissen versorgen
⇨ Ihr neues Corel einrichten
⇨ Hilfe bei ersten Problemen geben

Schritte zum Erfolg

⇨ Installation der CorelDRAW Graphics Suite X6
⇨ Einrichten des Programmpakets
⇨ Die Suite näher kennenlernen
⇨ Die Suite auf dem neuesten Stand halten
⇨ Starten und Beenden von Programmen der Suite

Vorbereitungsmaßnahmen

Mit der neuen CorelDRAW Graphics Suite X6 haben Sie eine umfassende Programmsammlung rund um das Illustrieren und Publizieren zur Hand, die nahezu alle Ihre Bedürfnisse befriedigen dürfte. Egal ob Sie ein Logo, eine Grußkarte, eine kleine Zeitschrift erstellen oder Ihre Bildersammlung auf Vordermann bringen wollen, das Programm bietet alles, was Sie benötigen.

Bevor Sie loslegen können, müssen Sie die Suite zunächst installieren. Der Vorgang ist recht einfach zu bewerkstelligen und in einer Viertelstunde können Sie anfangen.

Hardwarevoraussetzungen

Zunächst sollten Sie überprüfen, ob Ihr Rechner den folgenden vorgegebenen Ansprüchen genügt. Sie sollten über mindestens folgende generelle Grundausstattung verfügen:

- ein DVD-Laufwerk für die Installation
- Microsoft® Windows® 7 (32-Bit- oder 64-Bit-Editionen), Windows Vista® (32-Bit- oder 64-Bit-Editionen) oder Windows® XP (32 Bit) mit jeweils den neuesten Service Packs
- einen Intel® Pentium® 4, AMD Athlon™ 64 oder AMD Opteron™
- mindestens 1 GB RAM
- es sollten schon 1,5 GB freier Festplattenspeicher (für eine typische Installation ohne Inhalte – während der Installation ist zusätzlicher Speicherplatz erforderlich) zur Verfügung stehen
- eine Maus oder ein Grafiktablett
- die Bildschirmauflösung beträgt idealerweise mindestens 1024 × 768
- ein Browser mit dem Standard von Microsoft® Internet Explorer® 7 oder höher

Wie Sie sehen, sind diese Anforderungen im Vergleich zu anderen Programmen sehr gering und dürften kein Hindernis für die Installation dieser Software darstellen.

CorelDRAW Graphics Suite X6 installieren

Bevor Sie loslegen können, muss zunächst die CorelDRAW Graphics Suite auf Ihrem Computer installiert werden. Doch keine Sorge, wenn Sie so etwas bislang noch nie gemacht haben. Der Vorgang ist kinderleicht und in etwa einer Viertelstunde können Sie anfangen.

Liegt die CorelDRAW Graphics Suite X6-DVD bereit?

Prima! Dann schließen Sie zunächst alle laufenden Programme. Legen Sie dann die Disk in das Laufwerk ein und schließen Sie dieses.

Kurz darauf erscheint das erste Fenster und Sie müssen zunächst einmal die *Lizenzbedingungen* studieren. Stimmen Sie ihnen zu, gilt es zunächst, das Kontrollkästchen *Ich akzeptiere die Bedingungen der Lizenzvereinbarung* zu aktivieren, bevor Sie mit einem Klick auf *Weiter* fortfahren können.

Sodann können Sie zunächst einen Benutzernamen vergeben, bevor Sie angeben müssen, ob Sie eine Seriennummer haben oder ob Sie das Produkt erst testen müssen. Im ersten Fall aktivieren Sie die Option *Ich habe eine Seriennummer* und tragen diese in das vorgesehene Feld ein. Anderenfalls belassen Sie die Option *Ich habe keine Seriennummer und möchte das Produkt testen*.

Danach klicken Sie wieder auf *Weiter*, um zu dem Fenster mit den Installationsoptionen zu gelangen. Dieses gibt Ihnen einen Überblick, was Sie jetzt machen können.

Um rasch die Suite zu installieren, genügt ein Klick auf den Hyperlink *Typische Installation*.

Nachdem Sie ein weiteres Mal auf *Weiter* geklickt haben, geht es mit der Installation los. Hier müssen Sie ein wenig Geduld haben, können die Wartezeit aber damit überbrücken, dass Sie während der Fertigstellung einige Beiträge aus einem Corel-Wettbewerb genießen. Sind alle Dateien kopiert und eingerichtet, erhalten Sie den Hinweis, dass das Setup erfolgreich war.

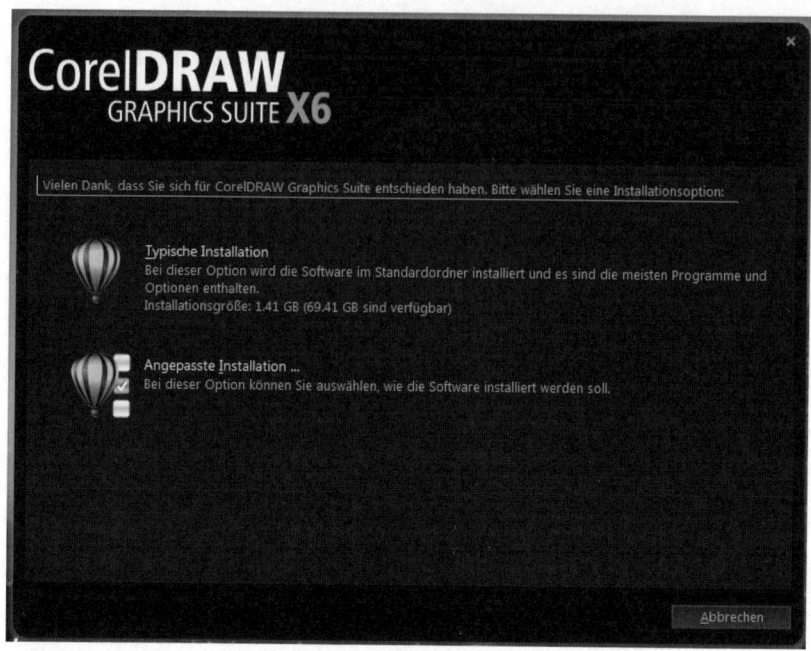

Abb. 1.1: So geht es los

Wenn Sie mögen, können Sie gleich per Mausklick auf das entsprechende Symbol die beiden Hauptanwendungen der Suite starten. Anderenfalls klicken Sie auf *Fertigstellen*, um den üblichen Weg zu wählen.

Corel Website Creator installieren

Die CorelDRAW Graphics Suite enthält in der X6-Version nunmehr auch ein Programm, mit dem Sie eigene Webseiten entwerfen, eigene Websites aufbauen und Webinhalte verwalten können.

Allerdings wird das Programm auf der DVD nicht mitgeliefert, sondern muss von der Corel-Website heruntergeladen werden. Zudem benötigen Sie ein – kostenloses – Corel-Konto, das Sie allerdings rasch einrichten können.

> Rufen Sie die Seite *https://www.corel.com/corel/login.jsp* auf, um sich bei Ihrem Corel-Konto anzumelden.

Rufen Sie die Corel-Anmeldeseite auf und klicken Sie auf den Link *Anmelden*.

Im folgenden Fenster können Sie sich auf der rechten Seite neu anmelden, wenn Sie bislang noch nicht über ein Konto verfügen. Verfügen Sie bereits über Kontendaten, geben Sie diese auf der linken Seite ein und loggen sich mit einem Klick auf *Anmelden* ein.

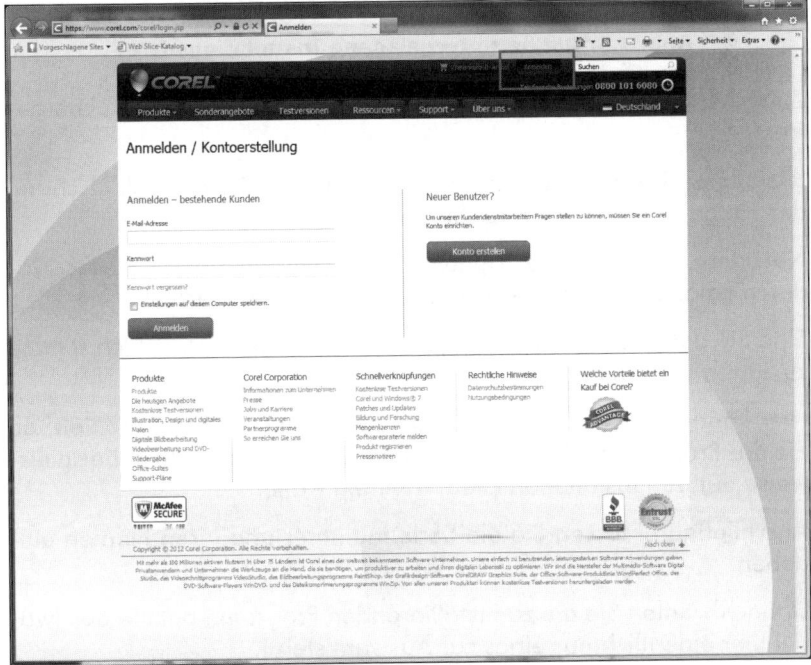

Abb. 1.2: Anmelden beim Corel-Konto

In Ihrem Anmeldekonto begeben Sie sich zum Downloadbereich und laden die Datei herunter.

Ist der Vorgang vollständig abgeschlossen, starten Sie den Installationsvorgang mit einem einfachen Doppelklick.

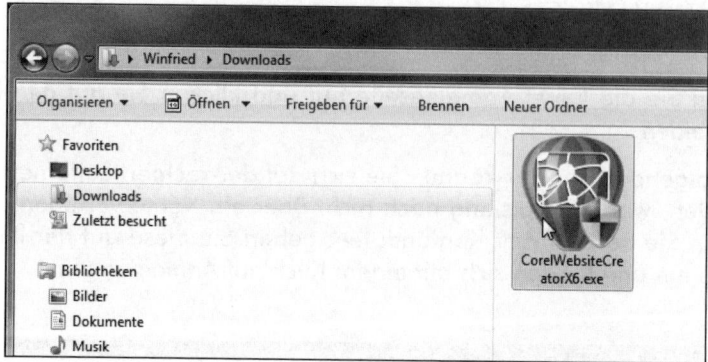

Abb. 1.3: Die heruntergeladene Installationsdatei

Zunächst werden Sie nach der bevorzugten Installationssprache gefragt.

Bestätigen Sie mit OK, gelangen Sie zum Willkommensbildschirm, der einige Informationen für Sie bereithält.

Nachdem Sie diese Infos studiert haben, klicken Sie auf *Weiter*. Dadurch gelangen Sie zu dem Fenster mit der Lizenzvereinbarung.

Sind Sie damit einverstanden, geht es mit einem Klick auf *Ich stimme zu* zum nächsten Fenster.

Hier können Sie die Installationsart auswählen und entscheiden, ob Sie das Programm alles machen lassen oder selbst Einfluss, beispielsweise auf den Installationspfad, nehmen wollen.

Anschließend müssen Sie die Seriennummer und Ihren Namen eingeben.

Danach wählen Sie die zu installierenden Programmpakete aus (wobei hier eigentlich nur eines zur Auswahl steht).

Nach erneutem Klick auf *Weiter* wählen Sie den Speicherort für die gemeinsamen Dateien aus und schon geht es nach einem weiteren Klick auf *Weiter* mit der Installation los.

Abschließend erhalten Sie noch ein Hinweisfenster, dass die Installation abgeschlossen ist.

Schließen Sie dieses Fenster mit einem Klick auf *Fertigstellen*.

Abb. 1.4: Jetzt kann es losgehen!

CorelDRAW Graphics Suite X6 kennenlernen

Voller Ungeduld werden Sie sicherlich gleich loslegen und die CorelDRAW Suite einmal ausprobieren wollen. Also los!

Klicken Sie zunächst auf die *Start*-Schaltfläche in der Windows-Taskleiste, wählen Sie dann den Eintrag *Alle Programme* und klicken Sie anschließend auf den Eintrag *CorelDRAW Graphics Suite X6*.

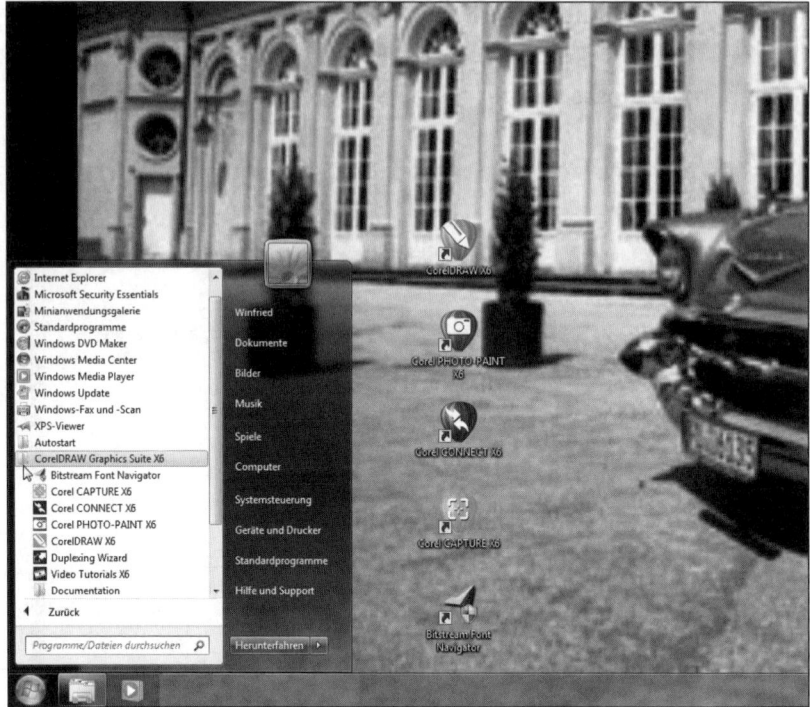

Abb. 1.5: CorelDRAW Graphics Suite X6 im Startmenü

> **TIPP**
>
> Verwenden Sie bereits Windows 8, klicken Sie auf die entsprechende Kachel im Startbildschirm.

Wie Sie sehen, wurden bei der Installation der Suite auch einige Symbole auf dem Desktop abgelegt. Bei den ersten beiden handelt es sich um die eigentlichen Hauptprogramme:

➪ *CorelDRAW X6*: Dieses Modul ist das zentrale Programm, das der Suite den Namen gab. Es handelt sich um ein Vektorgrafikprogramm mit Funktionen zur Textgestaltung, mit dem Sie verschiedene grafische Arbeiten für Schule, Studium oder Privatgebrauch entwerfen können. Die *Vektorgrafiken* bestehen nicht aus einzelnen Bildpunkten, sondern ihr Aufbau ist mathematisch definiert. So besteht eine Linie aus einem Startpunkt, einem Endpunkt und dem entsprechenden Winkel. Der Start- und der Endpunkt werden dabei in Form von X- und Y-Koordinaten gespeichert. Jedes Objekt ist ferner durch Eigenschaften definiert, etwa Füllung oder Randstärke, die beliebig eingestellt und verändert werden können. Beim Skalieren oder Verschieben dieser Objekte werden nur die Koordinaten verändert. Diese Änderungen haben jedoch keinen Einfluss auf den Objekttyp. Vektorgrafiken werden von mathematischen Formeln bestimmt, was zu einer erheblichen Reduzierung des Speicherplatzes führt.

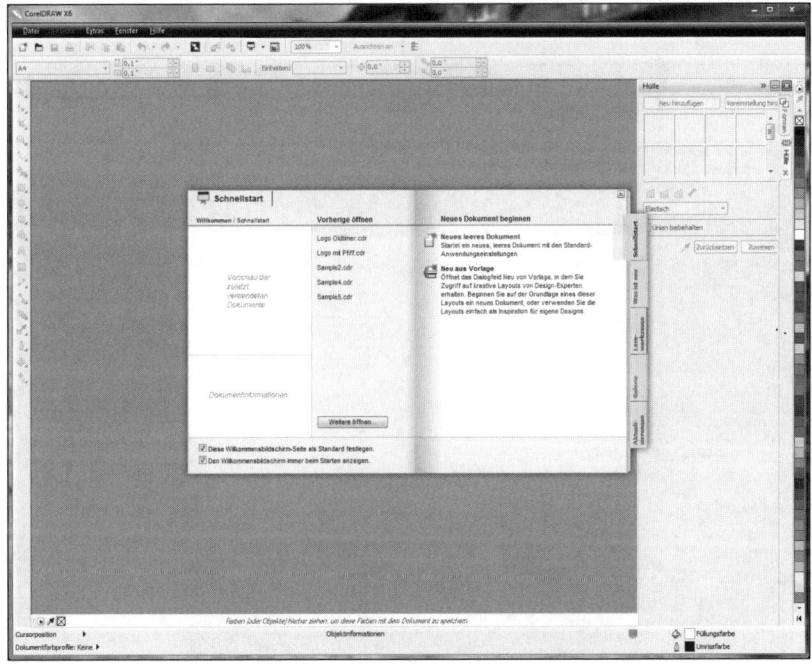

Abb. 1.6: Das Modul CorelDRAW X6

⇨ *Corel PHOTO-PAINT X6*: Dieses Programm der Suite kommt dann zur Anwendung, wenn es darum geht, Fotos zu bearbeiten, zu retuschieren oder mit zahlreichen Spezialeffekten zu versehen. Diese sogenannten *Pixelgrafiken* bestehen aus einer Vielzahl einzelner Bildpunkte. Alle diese Punkte zusammen betrachtet vermitteln den Eindruck eines Bildes. Jeder dieser Bildpunkte (Pixel) besitzt eine Farbinformation. Beim „Malen" werden den einzelnen Punkten Farben zugeordnet. Eine Linie ist demnach die Aneinanderreihung von mehreren Bildpunkten. Je kleiner diese Bildpunkte sind und je enger sie beieinander liegen, desto höher ist die Qualität des Bildes. Vergrößern Sie z.B. nachträglich das Bild, werden Sie feststellen, dass alle Pixel gleichmäßig skaliert werden. Dies führt zu einem Qualitätsverlust des gesamten Bildes, den Sie sehr schön an dem sogenannten Treppcheneffekt erkennen. Einer der wesentlichen Nachteile von Pixelgrafiken ist allerdings, dass jedes Pixel Speicherplatz benötigt, was sich rasch summieren kann.

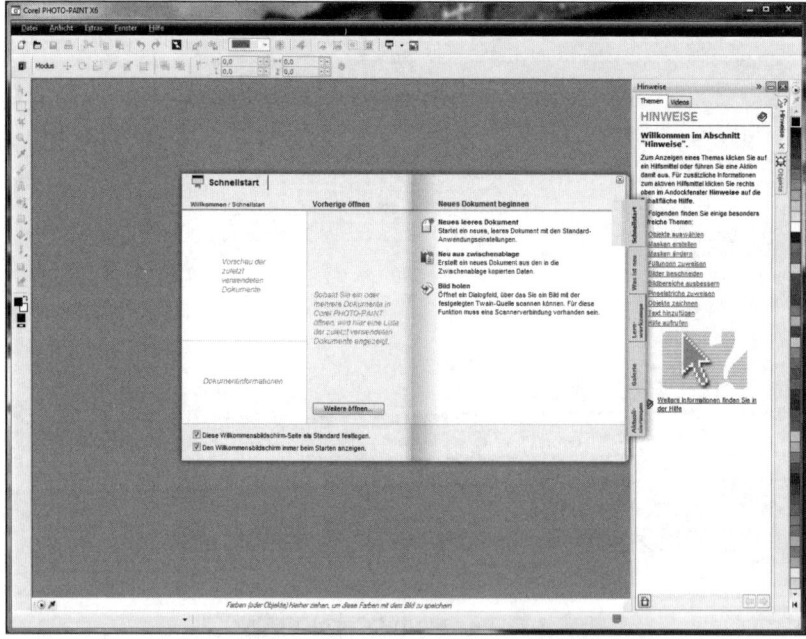

Abb. 1.7: Das Modul Corel PHOTO-PAINT X6

⇨ *Corel CONNECT X6*: Wenn Sie des Öfteren Schwierigkeiten haben, Grafiken, Vorlagen, Schriften oder Bilder auf Ihrem Computer zu finden, kommt dieses Programm zum Einsatz.

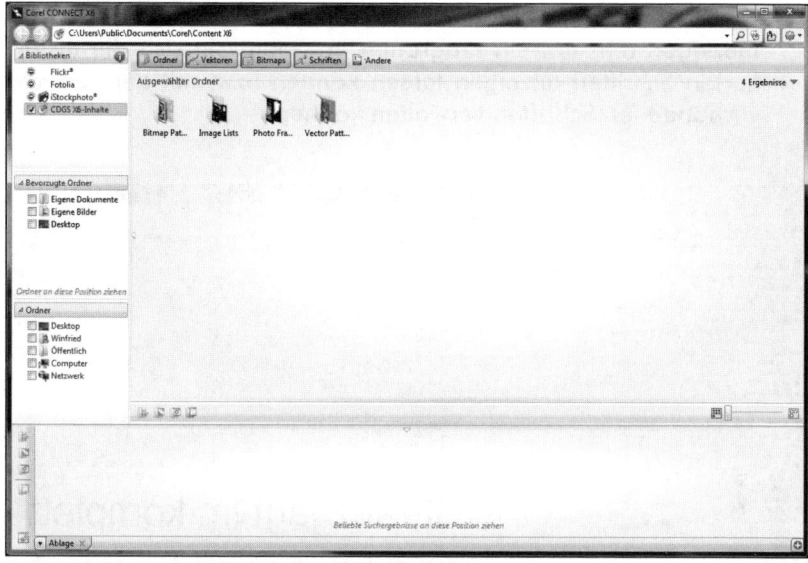

Abb. 1.8: Das Modul Corel CONNECT X6

⇨ *Corel CAPTURE X6*: Damit ist es möglich, Bildschirmfotos, sogenannte Screenshots, anzufertigen, die man beispielsweise in einen Vortrag oder eine Publikation einbettet oder für Bücher wie das vorliegende benötigt.

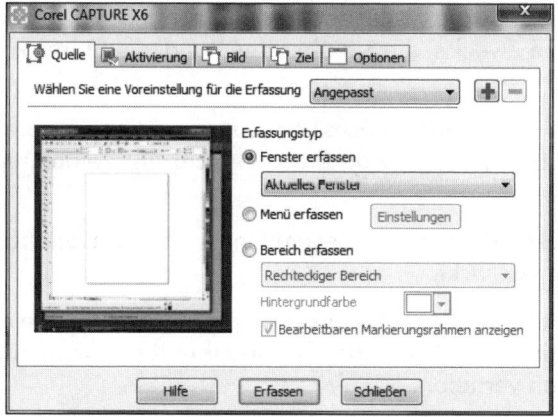

Abb. 1.9: Das Modul Corel CAPTURE X6

⇨ *Bitstream Font Navigator*: Hierbei handelt es sich um einen Fontmanager, d.h. um ein Programm, mit dem Sie sich die installierten Schriften anzeigen lassen können bzw. mit dem Sie die vorhandenen Schriften verwalten können.

Abb. 1.10: Das Modul Bitstream Font Navigator

Daneben verfügt die Suite noch über einige Zusatzprogramme für verschiedene Zwecke, die Sie über das Windows-Startmenü aufrufen müssen:

⇨ *Duplexing Wizard*: Dieses Programm unterstützt Sie bei zweiseitigem Druck auf Druckern, die nicht über eine Duplexeinheit verfügen.

⇨ *Documentation*: Hinter diesem Eintrag ist das Handbuch im PDF-Format versteckt.

⇨ *Video Tutorials X6*: Mit diesem Programm können Sie auf zahlreiche kleine Lehrfilme zugreifen und Ihre Kenntnisse in den Corel-Modulen vertiefen.

Um eines der Programme zu starten, genügt ein Klick auf den entsprechenden Eintrag im *Programme*-Menü.

CorelDRAW Graphics Suite X6 warten

Wie jede Software benötigt auch CorelDRAW Graphics Suite X6 ab und an ein paar Wartungsarbeiten. Im Wesentlichen werden dies Update-Arbeiten sein und im schlimmsten Falle die Deinstallation.

Um zu schauen, ob es Updates gibt, rufen Sie in einem der beiden Hauptprogramme den Menüpunkt *Hilfe / Aktualisierungen* auf.

Daraufhin wird eine Internetverbindung aufgebaut und nach möglichen Updates gesucht.

Abb. 1.11: Gibt es etwas Neues?

Sollten Updates vorhanden sein, erhalten Sie diese an dieser Stelle aufgelistet. Sie müssen dann nur noch auf die Schaltfläche *Jetzt aktualisieren* klicken.

Gibt es keine Updates, erhalten Sie einen entsprechenden Hinweis, den Sie einfach mit *OK* bestätigen.

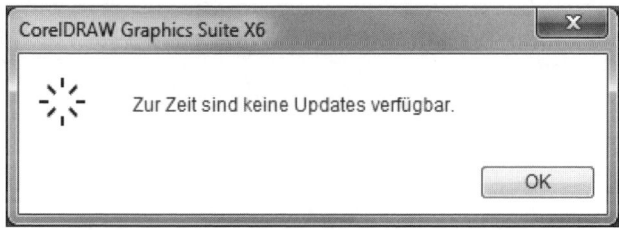

Abb. 1.12: Alles auf den neuesten Stand

Möchten Sie das Programm einmal entfernen, wechseln Sie wie unter Windows üblich zur *Systemsteuerung* (Windows 7 und Vista über *Start / Systemsteuerung / Programme*, Windows XP über *Start / Einstellungen / Systemsteuerung / Software*) und wählen den Eintrag *Programme deinstallieren*. Anschließend wählen Sie die CorelDRAW Graphics Suite in der Liste aus und klicken auf die Schaltfläche *Deinstallieren*.

Nach der Bestätigung einer Sicherheitsabfrage wird die Suite von Ihrer Festplatte entfernt.

Programme der CorelDRAW Graphics Suite beenden

Möchten Sie die Arbeiten beenden, klicken Sie auf das *Schließen*-Feld des jeweiligen Moduls.

2 Illustrationen mit CorelDRAW

Ziel

⇨ Sie mit den Illustrationsmöglichkeiten mit CorelDRAW vertraut machen

Schritte zum Erfolg

⇨ Den Arbeitsbildschirm von CorelDRAW erkunden
⇨ Grundlegende Dateiaktionen kennenlernen und beherrschen
⇨ Ein komplexes Logo mit einfachen Objekten erstellen

Nachdem Sie Ihr neues Corel-Paket installiert haben, kann es losgehen.

In diesem Kapitel werden Sie Ihre ersten Schritte mit dem Modul CorelDRAW machen und dabei mit den elementaren Werkzeugen des Programms ein Logo kreieren.

Den Arbeitsbildschirm erkunden

Doch bevor es losgeht, sollten Sie sich ein bisschen mit dem CorelDRAW-Bildschirm vertraut machen. Wenn Sie das Modul gerade gestartet haben, werden Sie zunächst vom *Schnellstart*-Fenster begrüßt, das Ihnen grundlegende Informationen, einen Überblick über die Neuigkeiten, Anleitung für den Werkzeuggebrauch, eine Galerie und einen Bereich für Updates bietet.

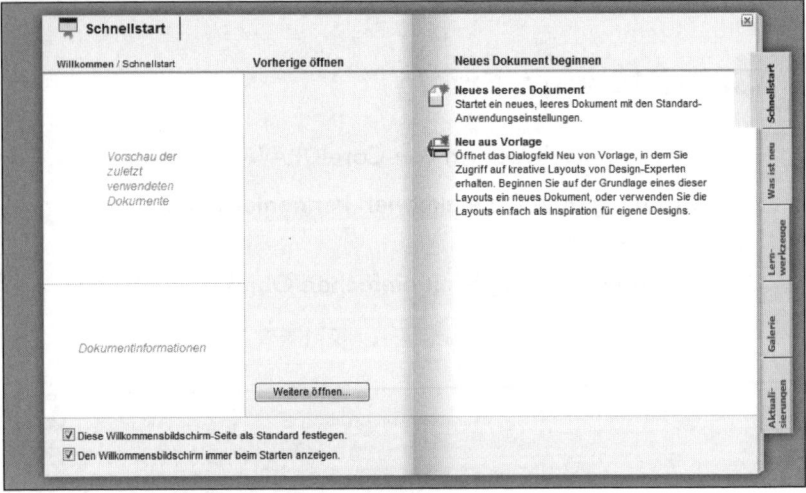

Abb. 2.1: Der Willkommensbildschirm

Wenn Sie diesen Bildschirm in Zukunft nicht mehr erhalten möchten, deaktivieren Sie einfach das unterste Kontrollkästchen *Den Willkommensbildschirm immer beim Starten anzeigen*.

> **TIPP**
>
> Stöbern Sie ruhig ein bisschen in diesem kleinen Buch. Sie werden eine Menge Anregungen und Wissenswertes erfahren. Einen ausgeblendeten Willkommensbildschirm können Sie über die Befehlsfolge *Hilfe / Willkommensbildschirm* jederzeit wieder einblenden.

Schließen Sie ihn anschließend über das *Schließen*-Feld. Verfahren Sie mit dem kleinen Fenster *Dokumentpalette* (mit ihr behalten Sie den Überblick über die in dem Dokument verwendeten Farben) ebenso, da dieses momentan nicht benötigt wird.

Wie Sie sehen, enthält der Arbeitsbildschirm eine Reihe von Hilfsmitteln und Paletten. Doch keine Sorge, Sie werden rasch damit warm werden.

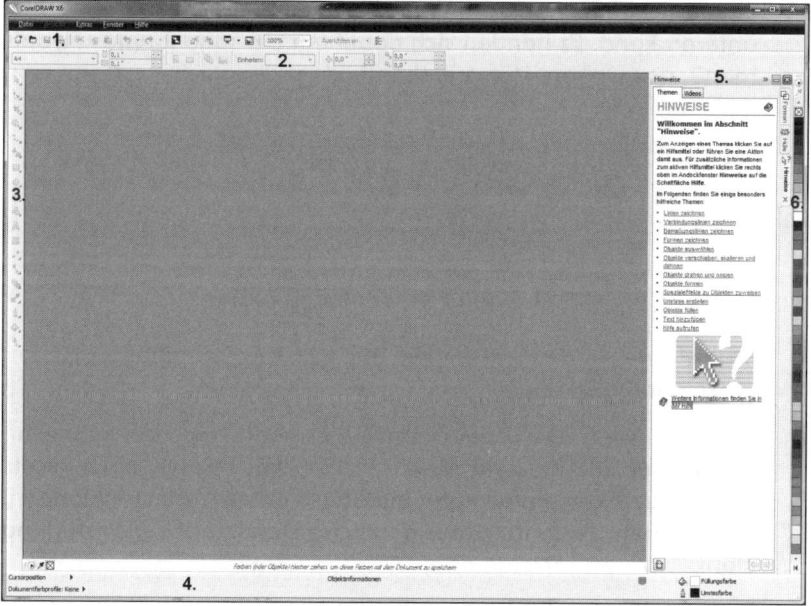

Abb. 2.2: Der Arbeitsbildschirm

Neben den üblichen Bestandteilen, weist das Fenster folgende Bestandteile auf:

1 Symbolleiste Standard: Diese enthält die grundlegenden Menüs und Befehle. Nach einem Klick mit der rechten Maustaste kann man diese Symbolleiste ausblenden und/oder weitere Symbolleisten einblenden.

2 Eigenschaftsleiste: Diese Leiste ist von zentraler Bedeutung, denn sie enthält Steuerelemente des gerade aktiven Hilfsmittels. Über sie nehmen Sie alle wesentlichen Einstellungen der Objekte vor. Dabei verhält sie sich kontextsensitiv, d.h., je nach gewähltem Werkzeug ändert sich der Leisteninhalt.

3 Hilfsmittelpalette: Diese Leiste enthält die verschiedenen Werkzeuge, die Sie zum Gestalten Ihrer Grafiken benötigen. Deswegen wird sie auch Werkzeugleiste genannt. Jedem der verschiedenen Werkzeuge ist dabei ein Symbol zugeordnet. Die Werkzeuge selbst aktivieren Sie durch einfachen Mausklick darauf.

Einige Schaltflächen verfügen über kleine Dreiecke am rechten unteren Rand. Es handelt sich dabei um ein sogenanntes Flyoutmenü, das weitere Hilfsmittel enthält.

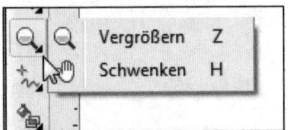

Abb. 2.3: Ein Flyoutmenü in Aktion

4 Statusleiste: In der Statusleiste finden Sie Informationen zu den einzelnen Objekten.

5 Andockfenster: Die Andockfenster ermöglichen den schnellen Zugriff auf Befehle und Menüs. Über den kleinen nach rechts weisenden Doppelpfeil kann man das Fenster rasch einklappen, sodass mehr Platz für das eigentliche Dokument zur Verfügung steht.

6 Farbpalette: Die Farbpalette befindet sich am rechten Rand des Bildschirms. Sie zeigt Ihnen standardmäßig Farben der aktuellen Farbpalette in kleinen Quadraten an. Mit den beiden Pfeiltas-

ten am oberen und unteren Rand können Sie durch die Farben „blättern".

Wenn Sie auf den nach links weisenden Pfeil am unteren Rand der Palette klicken, werden Ihnen alle Farben angezeigt.

Die beiden obersten Kästchen haben übrigens eine besondere Bedeutung. Mit einem Klick auf das erste erhalten Sie Zugang zu den vielfältigen Einstellungsmöglichkeiten und mit einem Klick auf das Kästchen mit dem X entfernen Sie die aktuelle Füllfarbe.

Eine Datei anlegen und einrichten

Für das Logo benötigen Sie zunächst eine Datei.

Eine neue Datei können Sie gleich beim Start über den Willkommensbildschirm (indem Sie auf den Hyperlink *Neues Leeres Dokument* klicken) oder über das Symbol *Neu*, über die Tastenkombination Strg + N oder über den Menübefehl *Datei / Neu* anlegen.

In allen Fällen erhalten Sie das Dialogfeld *Neues Dokument erstellen*, mit dem Sie Einfluss auf das neue Dokument nehmen können (siehe Abbildung 2.4).

Im Feld *Name* können Sie eine aussagekräftige Bezeichnung eingeben, die als Dateiname verwendet wird. Für unser Beispiel eignet sich etwa *Logo Oldtimerfreunde*.

Im Listenfeld *Voreingestelltes Ziel* brauchen Sie nichts zu ändern, denn es soll ja eine Vektorgrafik erstellt werden.

In den Feldern *Größe*, *Breite* und *Höhe* nehmen Sie Einfluss auf die Abmessung der vorgesehenen Publikation.

Um etwas Platz zum Gestalten zu haben, klicken Sie neben dem Feld *Höhe* auf die Schaltfläche *Querformat*.

In der Liste *Primärer Farbmodus* sollten Sie die Option auf *CMYK* umstellen, wenn Sie vorhaben, die Datei später auszudrucken. Die *Wiedergabeauflösung* belassen Sie ebenfalls auf dem für den Druck ausreichenden *DPI*-Wert.

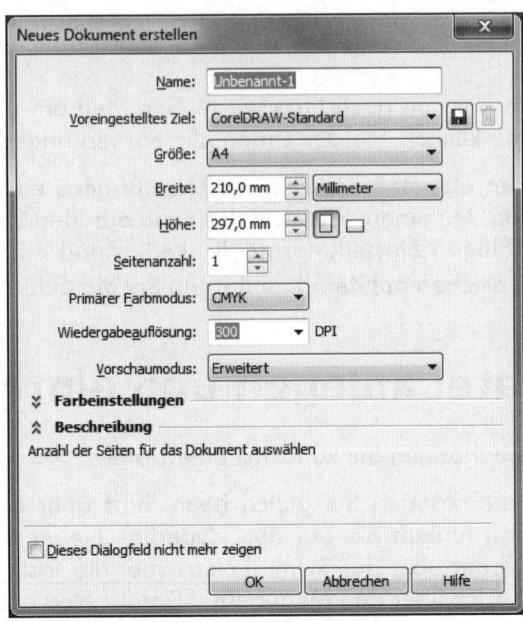

Abb. 2.4: Das Dialogfeld für das Anlegen eines neuen Dokuments

Über die Liste *Vorschaumodus* können Sie schließlich auf die Darstellungsart Einfluss nehmen. Die Ansicht *Erweitert* bietet Ihnen zwar die bestmögliche Darstellungsqualität, ist aber wegen des eminenten Leistungshungers nur für schnellste Rechner und im professionellen Umfeld zu empfehlen. Entscheiden Sie sich für *Einfacher Umriss*, werden nur die Umrisse der Objekte angezeigt und es werden keine Extrusionen, Konturen oder Überblendschritte gezeigt. Bei der Wahl *Umriss* werden die Füllungen, Extrusionen, Konturen und Zwischenformen der Überblendung ausgeblendet. Im Fall der Wahl des Modus *Entwurf* werden die Objekte in Entwurfsqualität angezeigt, d.h., gleichmäßige Füllungen und Bitmaps werden mit niedriger Auflösung dargestellt. Empfehlenswert ist die Option *Normal*, denn in diesem Fall werden alle Füllungen (außer PostScript-Füllungen) und Bitmaps so dargestellt, wie sie auch gedruckt werden.

Haben Sie alles wunschgemäß eingestellt, klicken Sie auf die Schaltfläche *OK*.

Sie erhalten ein neues, leeres Blatt, das in der Titelleiste die Bezeichnung *[Logo Oldtimerfreunde]* trägt.

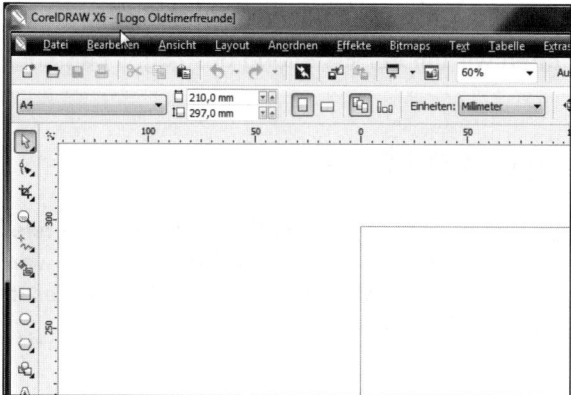

Abb. 2.5: Die neue Datei steht bereit

Bevor Sie loslegen, sollten Sie noch die Arbeitsdatei speichern.

Rufen Sie die Befehlsfolge *Datei / Speichern unter* auf und stellen Sie den gewünschten Speicherort ein. Achten Sie im Listenfeld *Dateityp* darauf, dass dort *CDR – CorelDRAW (*.cdr)* ausgewählt ist, denn damit erstellen Sie eine Arbeitsdatei, die Sie jederzeit ändern können.

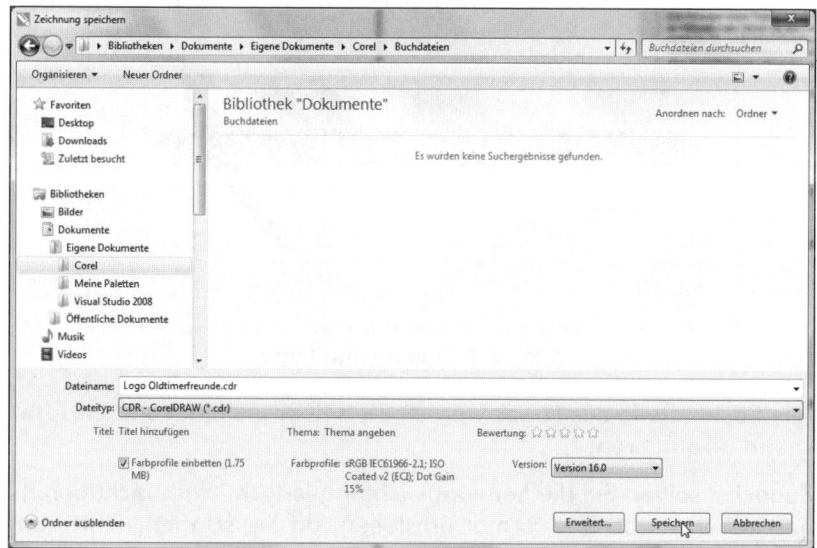

Abb. 2.6: Die Arbeitsdatei abspeichern

Illustrationen mit CorelDRAW

Bestätigen Sie Ihre Wahl noch mit *Speichern*.

So, jetzt können wir mit der Erstellung des Logos beginnen!

Ein Logo gestalten

Im Beispielsfall soll das Logo eines Oldtimervereins erstellt werden. Damit Sie sich von dem, was Sie sich gleich erarbeiten werden, vorab schon mal ein Bild machen können, finden Sie an dieser Stelle bereits einmal das fertige Logo:

Abb. 2.7: Das fertige Logo

Alle Bestandteile des Logos werden Sie selber erstellen und entsprechend arrangieren.

Zunächst sollten Sie die Seitenausrichtung jedoch – falls nicht bereits geschehen – auf Querformat umstellen, da Sie so mehr Platz zum Gestalten haben.

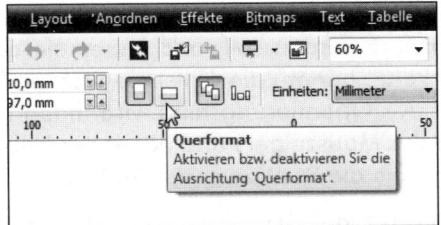

Abb. 2.8: Stellen Sie auf Querformat um

Jetzt kann es an die Erstellung des Autos gehen. Vielleicht fragen Sie sich jetzt, woher man dieses „ClipArt" bekommt? Nun, Sie werden es selbst erstellen! Die Stärke von CorelDRAW liegt gerade darin, dass man nicht auf vorkonfektionierte Grafiken angewiesen ist, sondern seiner Fantasie freien Lauf lassen kann.

Sie konnten noch nie etwas gescheit zeichnen und glauben, dass Sie das nicht können? Keine Bange. Die Objekte in CorelDRAW sind sehr oft aus einfachen Objekten zusammengesetzt und wenn man einmal den Trick heraushat, macht es richtig Spaß, neue Formen zu kreieren.

Fangen wir an!

Hilfslinien

Sehr rasch werden Sie beim Gestalten mit CorelDRAW bemerken, dass es gar nicht so einfach ist, die einzelnen Objekte zu platzieren.

Abhilfe schaffen da die Hilfslinien, die Ihnen helfen, Objekte in bestimmten Größen zu erstellen, zu platzieren und nicht zuletzt gescheit auszurichten.

> **TIPP**
>
> Für die folgenden Arbeiten sollten die Lineale eingeblendet sein. Ist das nicht der Fall, blenden Sie sie über den Menüpunkt *Ansicht / Lineale* ein.

Beginnen wir zunächst mit der horizontalen Hilfslinie. Dazu klicken Sie auf das Lineal am oberen Rand der Zeichenfläche, bewegen den Mauszeiger mit gedrückter Maustaste an den Punkt, an dem die Hilfslinie platziert werden soll, und lassen sie dort los. Wie Sie sicherlich bemerken, „hängt" die Hilfslinie während der Aktion an dem Mauszeiger. Als Orientierungshilfe wird Ihnen beim Ziehen die aktuelle Position des Mauszeigers und damit der Hilfslinie angezeigt. Zusätzlich können Sie die Position in der Statusleiste ablesen.

Die erste Hilfslinie soll auf der Markierung 40 des Lineals abgelegt werden

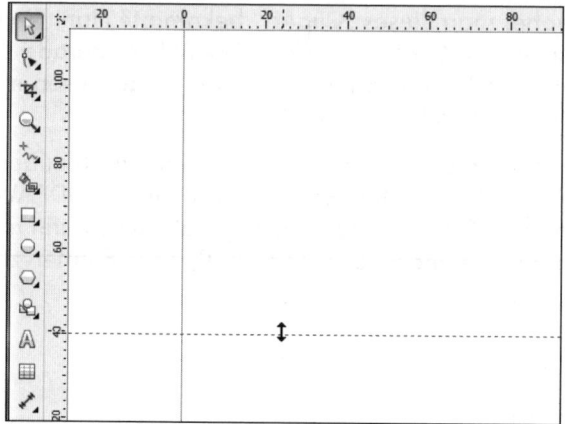

Abb. 2.9: Die erste Hilfslinie

Sie haben es nicht geschafft, die Linie ganz genau auf die 40er-Markierung abzulegen? Nicht so schlimm! Im Folgenden werden Sie sehen, wie man die Hilfslinie exakt positioniert.

Betrachten Sie die Hilfslinie zunächst einmal. Nachdem Sie die Maustaste losgelassen haben, wird die Hilfslinie in roter Farbe dargestellt, um Ihnen anzuzeigen, dass sie ausgewählt ist.

Klicken Sie in die weiße Arbeitsfläche. Und schon wird die Hilfslinie in blauer Farbe dargestellt.

Um die Hilfslinie wieder zu markieren, bewegen Sie den Mauszeiger darauf. Sobald er die Form eines Doppelpfeils annimmt, klicken Sie und schon ist sie wieder markiert.

In diesem Zustand wird sie nun mithilfe der Eigenschaftsleiste exakt ausgerichtet. Dazu geben Sie einfach im Feld mit der Bezeichnung y den entsprechenden Wert ein.

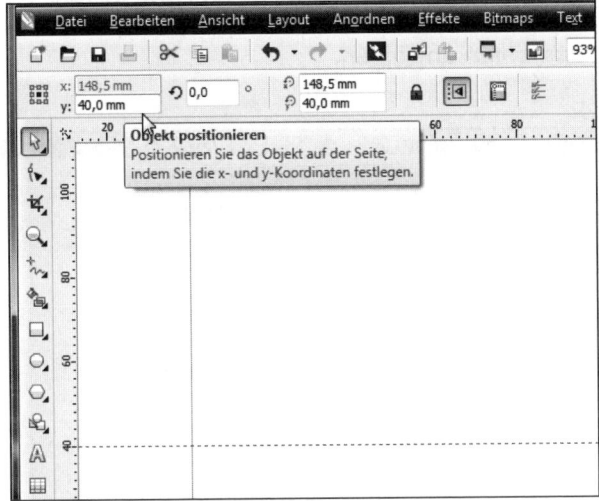

Abb. 2.10: Die Hilfslinie exakt ausrichten

TIPP

Wenn Sie aus Versehen die Millimeterangabe gelöscht haben, ist das nicht schlimm. Sie brauchen nur den gewünschten Wert als Zahl einzutippen. Wenn Sie mit bestätigen, fügt CorelDRAW automatisch die Angabe mm hinzu. Haben Sie einmal eine Hilfslinie zu viel angelegt und wollen Sie diese löschen, müssen Sie lediglich nach dem Markieren die Taste [Entf] drücken.

Erstellen Sie nun eine weitere horizontale Hilfslinie bei 50 mm und bei 58 mm.

Anschließend platzieren Sie vier vertikale Hilfslinien und zwar in einem Abstand von 48 mm, 60 mm, 120 mm und 132 mm vom linken Seitenrand.

Illustrationen mit CorelDRAW

Eine letzte Vorbereitungsarbeit bleibt noch. Der große Vorteil von Hilfslinien liegt darin, dass die verschiedenen Hilfsmittel und Objekte an diesen Linien einrasten, sobald Sie einen bestimmten Abstand unterschreiten. Sie werden praktisch wie von einem Magneten angezogen. Das geschieht allerdings nur, wenn Sie auf die Schaltfläche An Hilfslinien ausrichten klicken bzw. den Menüpunkt Ansicht / An Hilfslinien ausrichten anwählen.

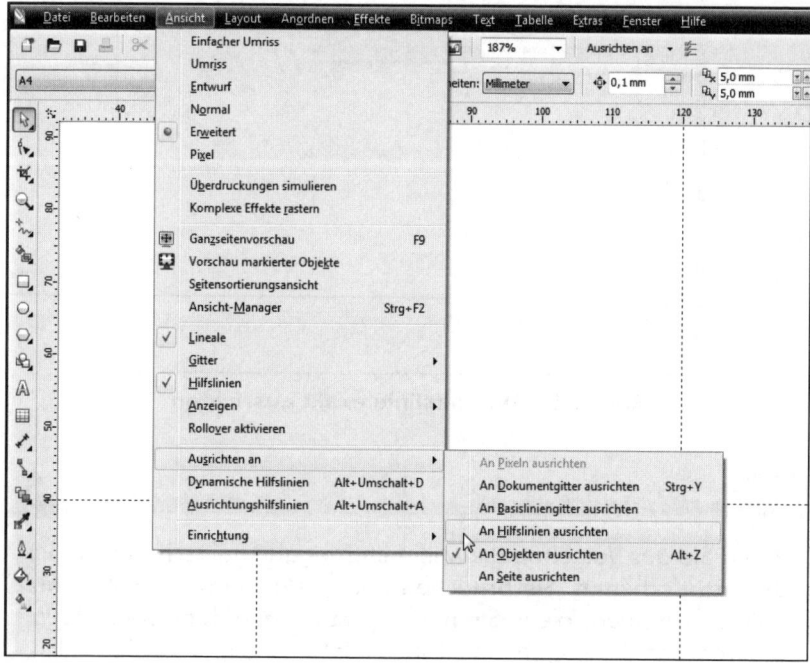

Abb. 2.11: Diesen Menüpunkt gilt es zu aktivieren

Das Auto

Jetzt kann es mit der Gestaltung des Autos losgehen.

Zunächst wird die Stoßstange kreiert.

Wählen Sie das Hilfsmittel Rechteck und ziehen Sie ein 90 mm breites und 8 mm hohes Rechteck zwischen den Schnittpunkten der eingefügten Hilfslinien auf. Versehen Sie dieses Rechteck danach mit einer grauen Füllfarbe.

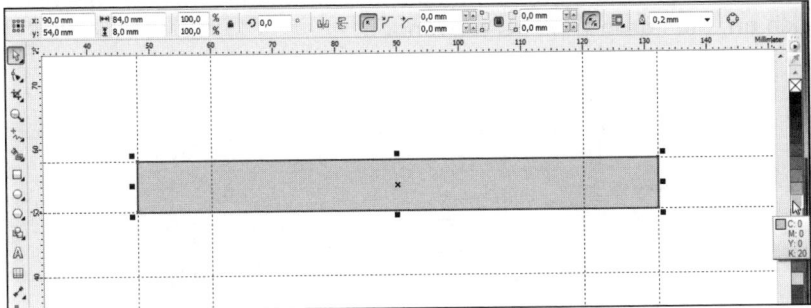

Abb. 2.12: Das erste Rechteck

Dieses Rechteck soll einen Farbverlauf erhalten.

Dazu benötigen Sie das Flyout des Hilfsmittels *Füllung* aus der Hilfsmittelpalette. Klicken Sie auf das Symbol *Farbverlauf*.

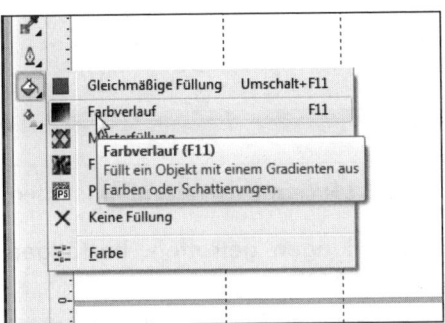

Abb. 2.13: Einen Farbverlauf erstellen

Es öffnet sich das gleichnamige Dialogfeld, in dem Sie die folgenden Einstellungen vornehmen:

Wählen Sie in der Liste *Typ* den Eintrag *Linear* aus. Den Winkel ändern Sie auf 90,0 und nehmen keine Einstellung des Randabstands vor.

Im Bereich *Farbüberblendung* bestimmen Sie die beiden Farben für den Farbverlauf. Klicken Sie auf das Farbfeld *Von* und wählen Sie einen grauen Farbton aus, sofern er nicht bereits schon eingestellt ist. Auf die gleiche Weise gehen Sie im Farbfeld *Bis* vor. Hier bietet es sich an, die Farbe *Weiß* zu verwenden.

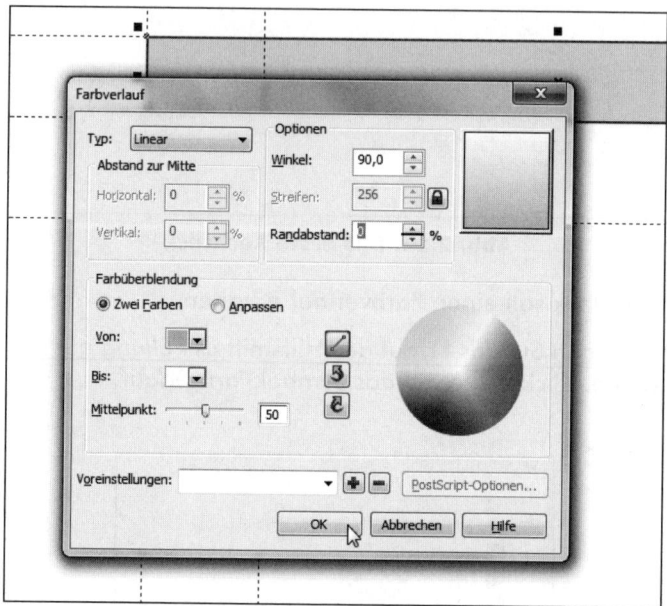

Abb. 2.14: Den Farbverlauf einstellen

Haben Sie alle Einstellungen getroffen, bestätigen Sie Ihre Wahl noch mit einem Klick auf *OK*.

Was jetzt noch stört, ist der etwas starke Rand.

Deshalb müssen Sie den Umriss ändern. Klicken Sie dazu auf die Schaltfläche *Umrissstift* und wählen Sie im Flyoutmenü den Eintrag *Haarlinienumriss*.

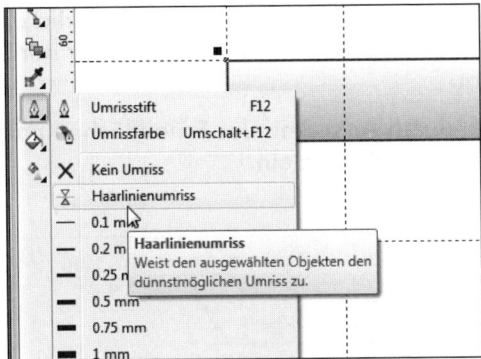

Abb. 2.15: Den Umriss ändern

Das Rechteck, das die Stoßstange darstellt, soll nun ein dynamischeres Aussehen erhalten. Damit Sie es mit dem Hilfsmittel *Form* entsprechend bearbeiten können, muss es zunächst in Kurven konvertiert werden.

Klicken Sie bei markiertem Rechteck auf die Schaltfläche *In Kurven konvertieren* oder drücken Sie einfach [Strg] + [Q].

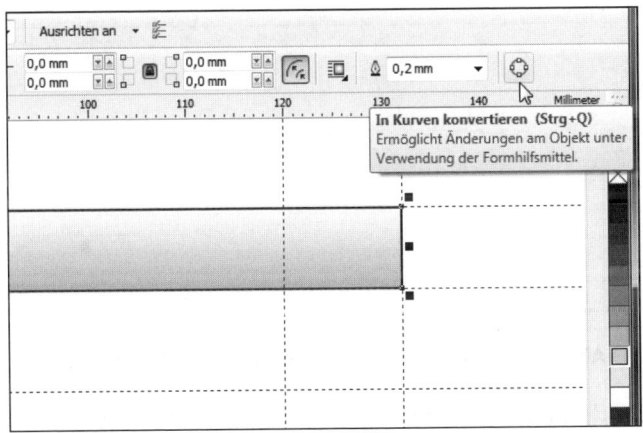

Abb. 2.16: Das Rechteck in Kurven konvertieren

Platzieren Sie zunächst eine weitere vertikale Hilfslinie auf 90 mm.

Aktivieren Sie dann das Hilfsmittel *Form* und klicken Sie auf den Schnittpunkt der eben gesetzten Hilfslinie mit der horizontalen Hilfslinie auf 50 mm.

Fügen Sie dann durch Anklicken der Schaltfläche *Knoten hinzufügen* an dieser Stelle einen Knoten ein.

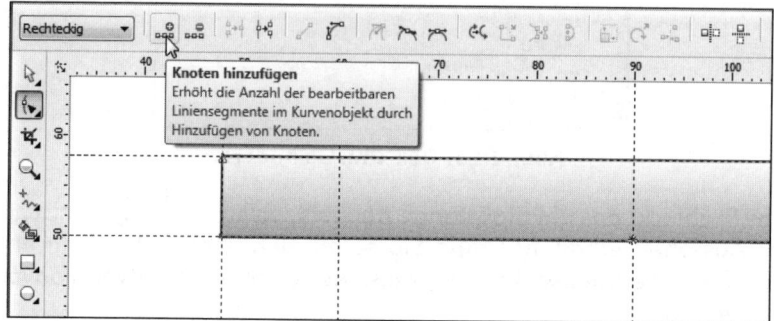

Abb. 2.17: Einen neuen Knoten einfügen

Ziehen Sie diesen ca. 2 mm nach unten.

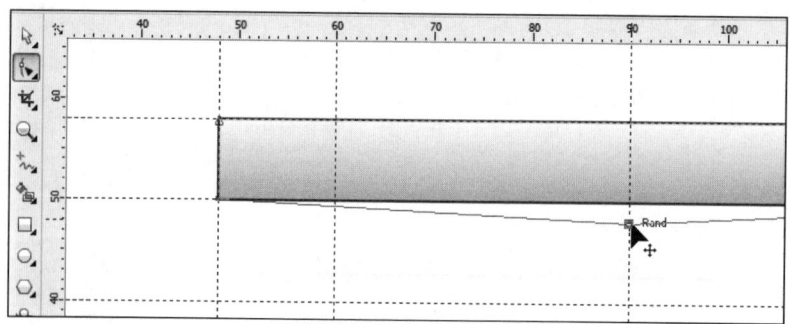

Abb. 2.18: Den neuen Knoten nach unten ziehen

Fügen Sie dann an den Schnittpunkten der horizontalen Hilfslinie auf 58 mm mit den vertikalen Hilfslinien auf 50 mm und 120 mm ebenfalls einen weiteren Knoten hinzu.

Zeigen Sie dann mit dem Hilfsmittel *Form* auf den linken Randknoten und ziehen Sie diesen ca. 3 mm nach unten.

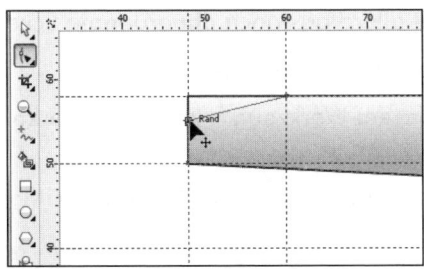

Abb. 2.19: Den Rand nach unten ziehen

Verfahren Sie mit dem rechten Randknoten ebenso.

Als Nächstes werden Sie die Räder erstellen.

Erstellen Sie zunächst zwei weitere vertikale Hilfslinien und zwar bei 58 mm und 112 mm.

Zeichnen Sie dann ein Rechteck im Schnittpunkt der Hilfslinien mit einer Höhe von 8 mm und einer Breite von 10 mm.

Dieses Objekt soll die Füllung des zuvor erstellten Rechtecks übernehmen. Dazu zeigen Sie auf dieses Rechteck und ziehen es mit gedrückter rechter (!) Maustaste auf das eben erstellte Rechteck.

Wenn Sie die Maustaste loslassen, wählen Sie im Kontextmenü den Eintrag *Alle Eigenschaften kopieren*.

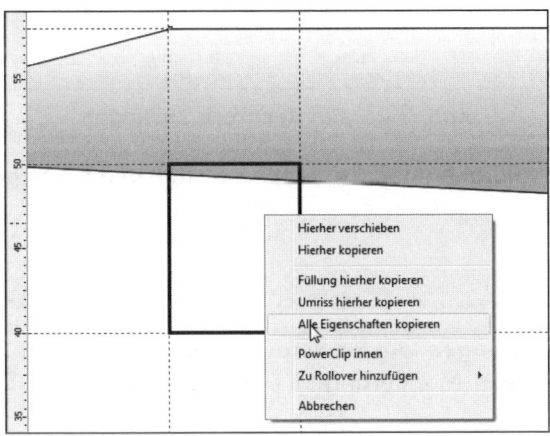

Abb. 2.20: Alle Eigenschaften übernehmen

Illustrationen mit CorelDRAW

Das Rechteck soll allerdings noch abgerundete Ecken bekommen.

Aktivieren Sie dazu das Hilfsmittel *Form*.

Zeigen Sie mit diesem Werkzeug – von innen herkommend – auf die oberste linke Markierung.

Bewegen dann den Mauszeiger mit gedrückter Maustaste diagonal nach innen.

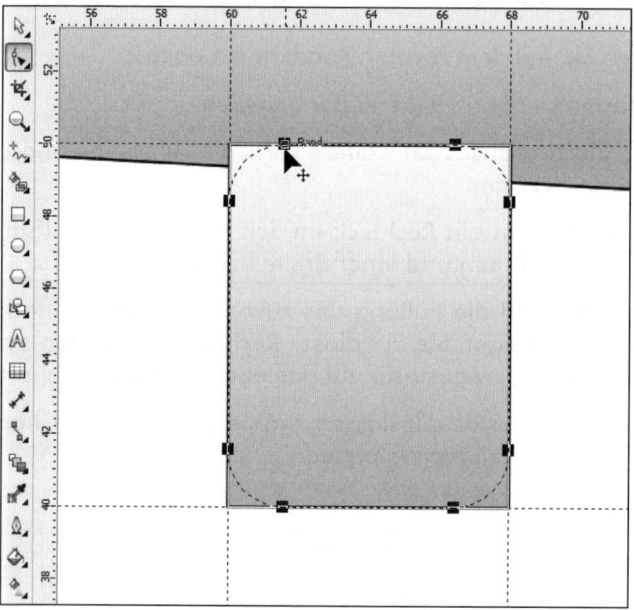

Abb. 2.21: Ein Rechteck abrunden

Obwohl Sie nur an einer Ecke ziehen, werden alle Ecken gleichmäßig abgerundet.

| TIPP | |

Um die Rundungen wieder herauszunehmen, müssen Sie lediglich die kleinen Markierungen wieder auf einen der Eckpunkte zurückziehen.

Wechseln Sie wieder auf das Hilfsmittel *Auswahl* zurück.

Wie Sie bemerkt haben, wird das letzte Objekt an oberster Stelle angeordnet und überlagert alle bislang erstellten Objekte.

Im Untermenü *Anordnen / Anordnung* finden Sie die Funktionen für das schrittweise Anordnen der Objekte.

Im Beispiel wählen Sie *Nach hinten auf der Seite*, da das letzte Rechteck hinter den anderen Objekten platziert werden soll.

TIPP

Da Sie in Zukunft sicherlich des Öfteren die Reihenfolge von Objekten ändern werden, ist es hilfreich, sich die Tastenkombinationen, die hinter den einzelnen Menüeinträgen stehen, zu merken.

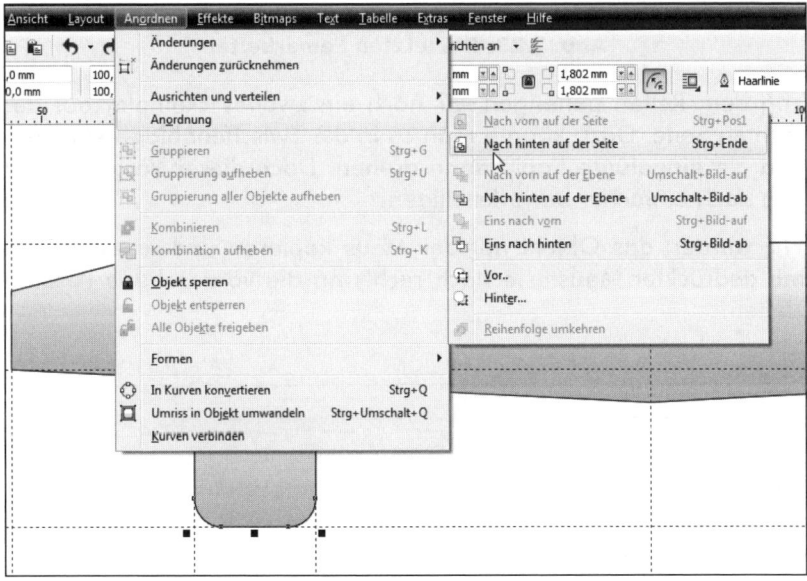

Abb. 2.22: Das Objekt nach hinten befördern

Zum Schluss zeigen Sie mit dem Hilfsmittel *Auswahl* auf das mittlere obere Quadrat und ziehen es so lange nach oben, bis die Rundungen unter der Stoßstange verschwinden.

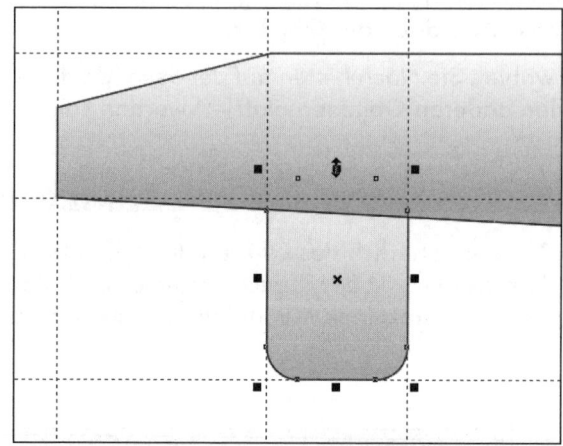

Abb. 2.23: Die letzten Feinarbeiten

Von dem Reifen benötigen wir noch ein zweites Exemplar auf der rechten Seite. Dazu könnte man es in die Zwischenablage kopieren und die eingefügte Kopie dann drehen. Doch dieser Vorgang lässt sich noch einfacher bewerkstelligen.

Wir werden das Objekt mit der Maus kopieren und anschließend mit gedrückter Maustaste nach rechts an die vorgesehene Position ziehen.

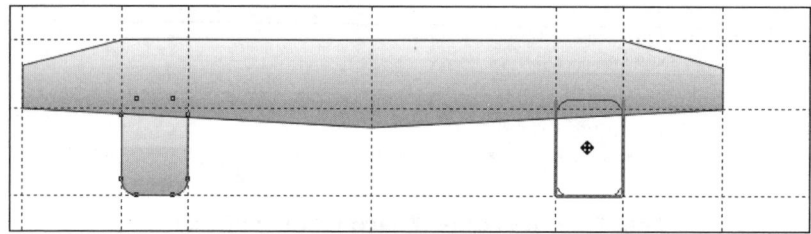

Abb. 2.24: Das Rechteck mit der Maus kopieren

Bevor Sie die Maustaste loslassen, klicken Sie mit der rechten Maustaste. Dadurch wird eine Kopie erstellt.

Da diese Kopie als letztes Objekt erstellt wird, liegt es an oberster Stelle. Bringen Sie es anschließend in die gleiche Position wie das Original.

Als Nächstes steht der Kühler an.

Erstellen Sie zunächst eine horizontale Hilfslinie bei 90 mm.

Anschließend wählen Sie das Hilfsmittel *Polygon*. Stellen Sie in der Eigenschaftsleiste den Wert *Punkte oder Seiten* auf 6 ein.

Ziehen Sie mit dem so angepassten Werkzeug innerhalb der Hilfslinien ein Polygon auf.

TIPP

Wenn Sie beim Aufziehen an dem oberen linken Schnittpunkt der Hilfslinien beginnen, brauchen Sie fast nichts mehr nachzuarbeiten.

Richten Sie das Objekt gegebenenfalls mithilfe des Hilfsmittels *Auswahl* aus und übernehmen Sie die Eigenschaften der Stoßstange.

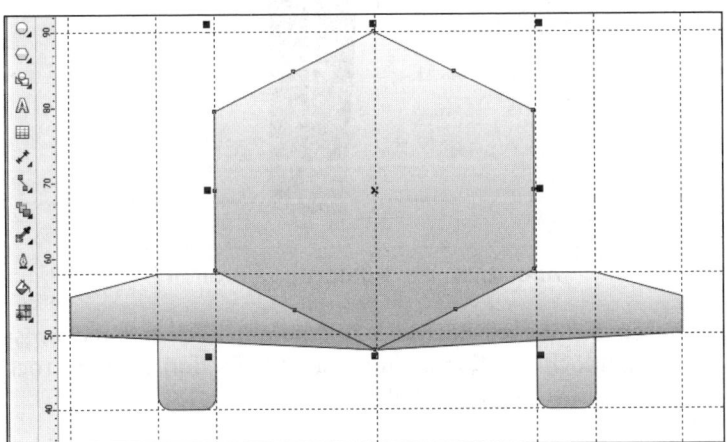

Abb. 2.25: Der Kühler entsteht

Platzieren Sie ihn durch Drücken von [Strg] + [Ende] hinter die Stoßstange.

Die Kühlerrippen bestehen aus einfachen Rechtecken, die Sie ein wenig anpassen werden.

Aktivieren Sie das Hilfsmittel *Rechteck*, zeichnen Sie in der Mitte des Kühlers ein Rechteck mit einer Breite von 2,5 mm und einer Höhe von 28 mm. Versehen Sie es mit einer schwarzen Füllfarbe.

Erstellen Sie davon eine Kopie und ziehen Sie diese ca. 5 mm nach links weg.

Tragen Sie in das Feld *Drehwinkel* den Wert 4 ein, um das Rechteck um entsprechend viel Grad zu drehen.

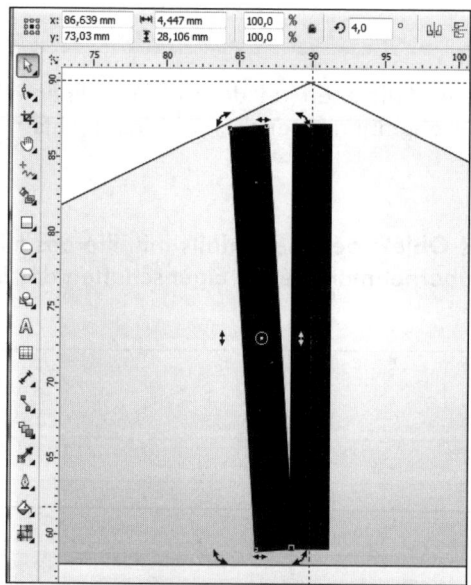

Abb. 2.26: Die Kühlerrippe drehen

Konvertieren Sie dieses Rechteck mit einem Klick auf die entsprechende Schaltfläche in Kurven und ziehen Sie den unteren rechten Knotenpunkt ein wenig nach links.

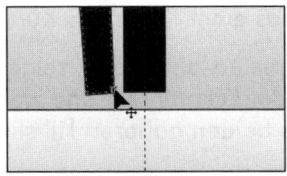

Abb. 2.27: Die Kühlerrippe verjüngen

Erstellen Sie davon eine Kopie und klicken Sie auf die Schaltfläche *Horizontal spiegeln*.

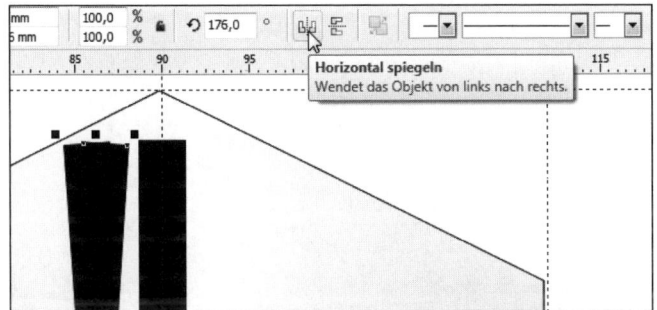

Abb. 2.28: Die Kopie der linken Kühlerrippe horizontal spiegeln

Ziehen Sie abschließend die gedrehte Kühlerrippe mit gedrückter ⇧-Taste nach rechts an die vorgesehene Stelle.

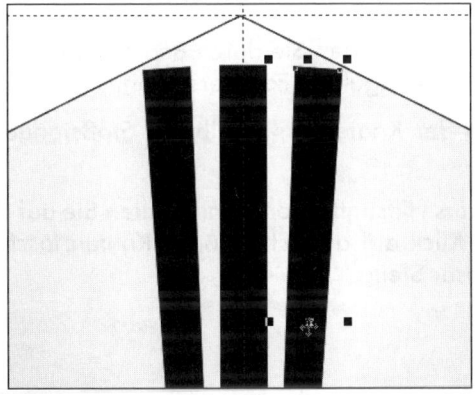

Abb. 2.29: Platzieren der letzten Rippe

Das Chassis entsteht aus einer Kopie des Kühlers.

Nachdem Sie diese Kopie erstellt haben, zeigen Sie mit dem Hilfsmittel *Auswahl* auf einen der Eckanfasser und ziehen sie mit gedrückten Tasten ⇧ + Alt an die beiden äußeren Hilfslinien heran.

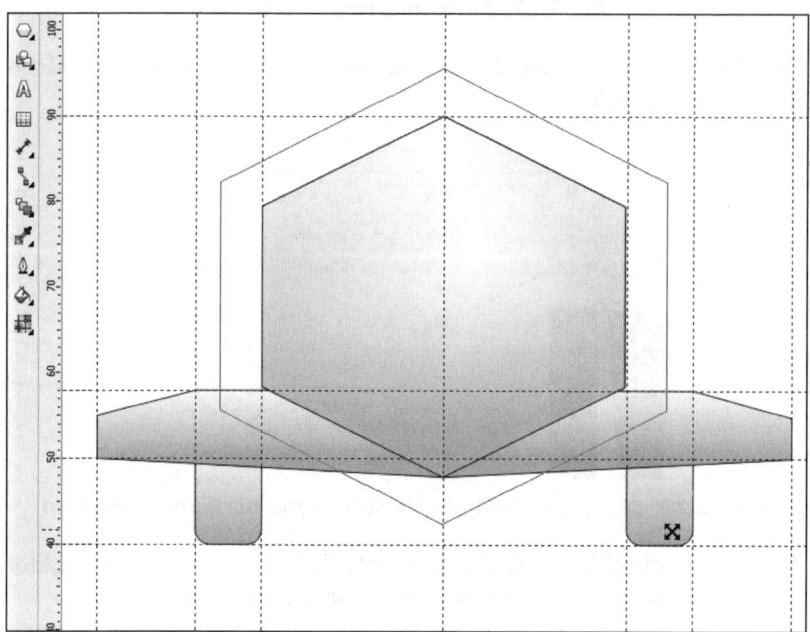

Abb. 2.30: Das Chassis entsteht

Dort angekommen, werden Sie durch Bearbeiten der verschiedenen Knotenpunkte die endgültige Form erstellen.

Zunächst muss der Knoten unterhalb der Stoßstange entfernt werden.

Aktivieren Sie das Hilfsmittel *Form* und klicken Sie auf diesen Knoten. Nun noch ein Klick auf die Schaltfläche *Knoten löschen* und schon passt es an dieser Stelle.

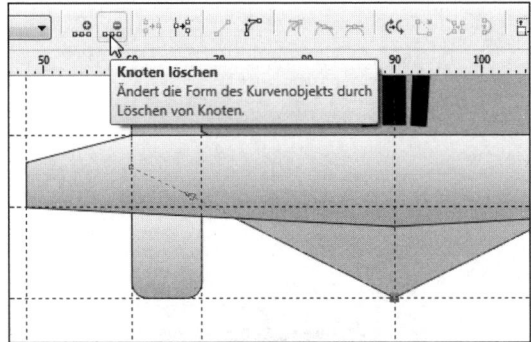

Abb. 2.31: Den Knoten verschwinden lassen

Für die Bearbeitung der Motorhaube benötigen Sie zwei weitere Knoten, die Sie auf den Schnittpunkt der Hilfslinie bei 120 mm mit der Motorhaube platzieren.

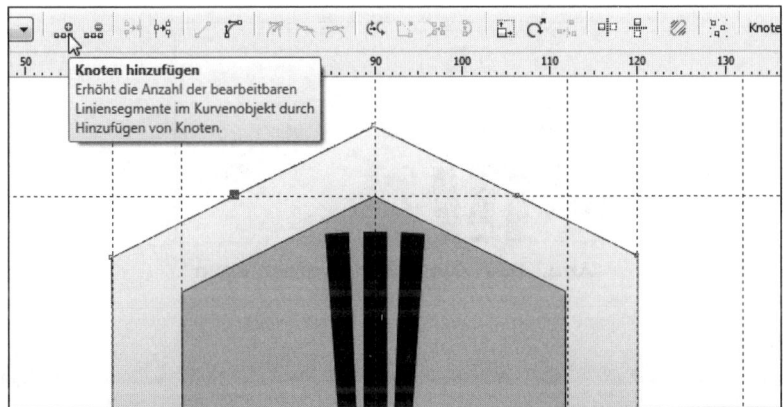

Abb. 2.32: Zwei weitere Knoten hinzufügen

Damit die gewünschte Form gestaltet werden kann, müssen diese Knotenpunkte in Kurven umgewandelt werden.

Ziehen Sie einen Auswahlrahmen um die drei Knotenpunkte oder markieren Sie sie nacheinander mit gedrückter ⇧-Taste. Klicken Sie dann auf die Schaltfläche *In Kurven konvertieren*.

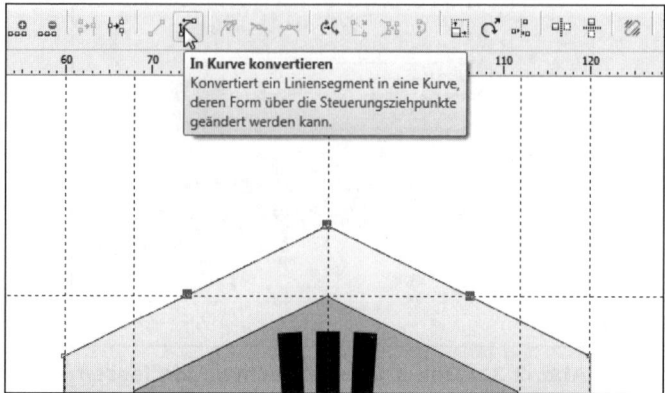

Abb. 2.33: Die oberen drei Knoten konvertieren

Um die Strecke anzupassen, markieren Sie einen Knoten und ziehen mit den Ärmchen den gewünschten Verlauf zurecht.

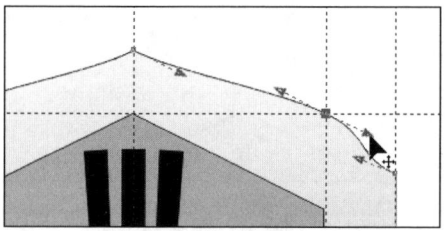

Abb. 2.34: Die Knoten verschieben

TIPP

Am Anfang werden Sie ein wenig durch Ziehen in verschiedene Richtungen ausprobieren müssen, bis Sie den gewünschten Verlauf finden.

Durch den Farbverlauf hat die Motorhaube schon einen recht ansprechenden plastischen Verlauf erhalten. Diesen können Sie aber ohne Weiteres mit dem Hilfsmittel *Maschenfüllung* noch verbessern. Dabei wird das Objekt mit Überblendungen mehreren Farben und

Schattierungen gefüllt, die über ein Maschengitter angeordnet sind und nach Ihren Wünschen abgeändert werden können.

Klicken Sie auf das Werkzeug und bewegen Sie den Mauszeiger auf das Polygon. Dadurch erscheinen die sogenannten Knotenpunkte, die Sie nun verschieben können. Ziehen Sie beispielsweise den mittleren Knotenpunkt mit gedrückter Maustaste nach rechts weg.

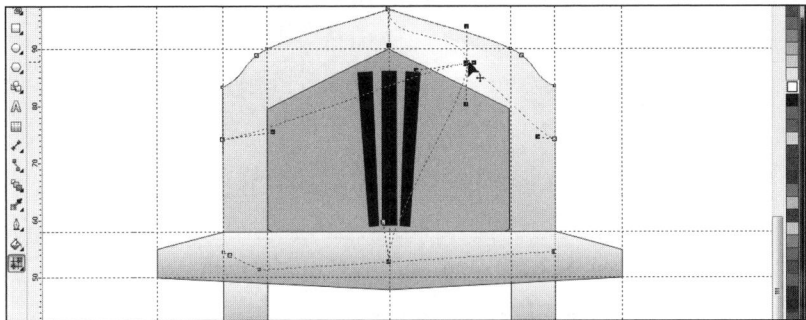

Abb. 2.35: Die Maschenfüllung anordnen

TIPP

Über die kleinen Ärmchen können Sie weiter Einfluss auf den Verlauf nehmen. Darüber hinaus befindet sich in der Eigenschaftsleiste eine Reihe an Optionen, die Sie ausprobieren können. Beispielsweise lässt sich ein markierter Knotenpunkt anders färben, womit interessante Effekte erzielt werden können.

Unser Auto braucht noch Kotflügel, die Sie wieder aus einem Rechteck erstellen werden.

Erstellen Sie auf der linken Seite ein Rechteck und konvertieren Sie es in Kurven. Anschließend geben Sie ihm mit dem Hilfsmittel *Form* das gewünschte Aussehen (siehe Abbildung 2.36).

Die fertige Form kopieren Sie, spiegeln anschließend die Kopie horizontal und ziehen diese mit gedrückter -Taste auf die rechte Seite.

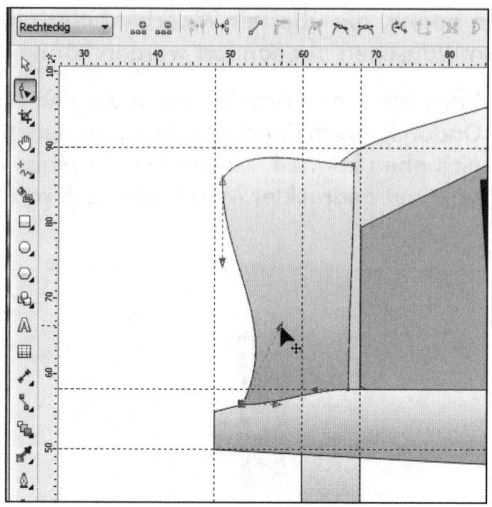

Abb. 2.36: Den Kotflügel ausformen

Danach markieren Sie beide und bringen sie mit [Strg] + [Ende] hinter alle anderen Objekte.

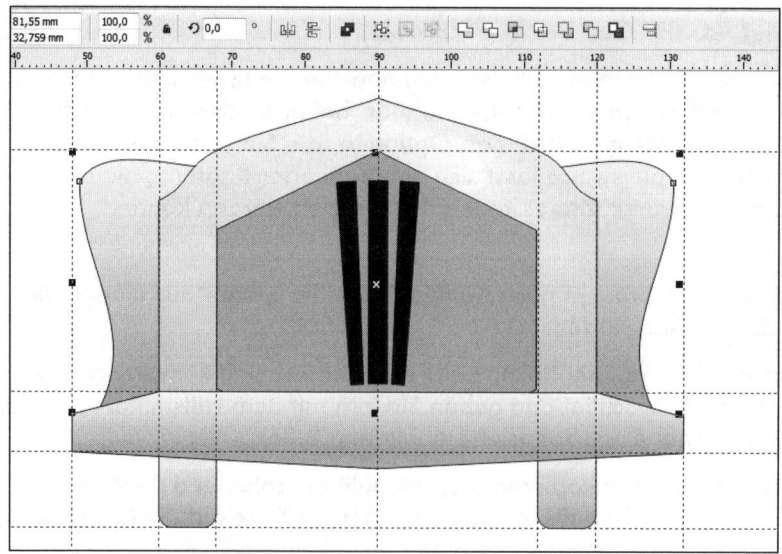

Abb. 2.37: Das sieht schon ein wenig nach Auto aus

Unser Auto benötigt als Nächstes Scheinwerfer.

Die Hauptscheinwerfer bestehen aus zwei Kreisen, von denen der eine einen Farbverlauf erhält.

Aktiveren Sie das Hilfsmittel *Ellipse*, ziehen Sie mit gedrückter [Strg]-Taste einen Kreis mit einem Durchmesser von 12 mm auf und weisen Sie ihm gleich die Füllfarbe Schwarz zu.

Wenn Sie damit fertig sind, kopieren Sie ihn ([Strg] + [C]) und fügen ihn an der gleichen Stelle wieder ein ([Strg] + [V]).

Weisen Sie diesem Kreis einen radialen Farbverlauf von Gelb nach Weiß zu.

Ziehen Sie ihn dann mit gedrückter [⇧]-Taste diagonal nach innen, bis er einen Durchmesser von rund 10 mm hat.

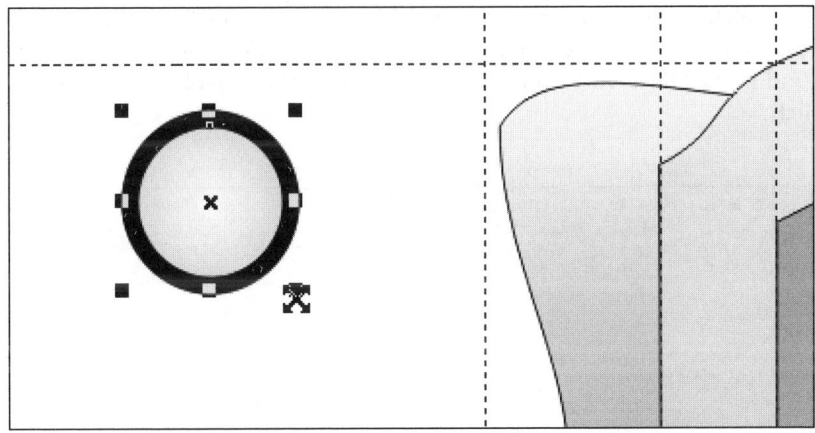

Abb. 2.38: Der fast fertige Scheinwerfer

Markieren Sie zum Abschluss beide Kreise und gruppieren Sie diese beispielsweise durch Drücken von [Strg] + [G].

Den zweiten Scheinwerfer erstellen Sie dann wieder durch Kopieren und Verschieben.

Die beiden Nebellampen entstehen ebenfalls durch einen Kreis (7 mm Durchmesser) und einen – diesmal gelben – Farbverlauf.

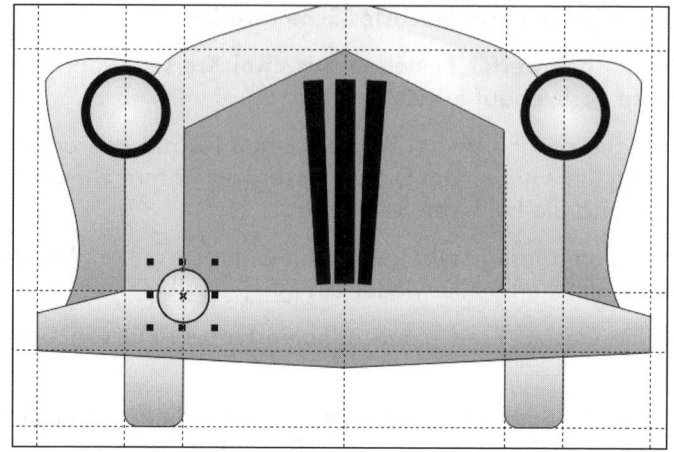

Abb. 2.39: Die erste von zwei Nebellampen

Als Letztes geht es an die Fahrerkabine. Die Grundform ist zunächst eine Ellipse. Platzieren Sie eine solche mit einer Breite von 52 mm und einer Höhe von 20 mm wie in der folgenden Abbildung ersichtlich.

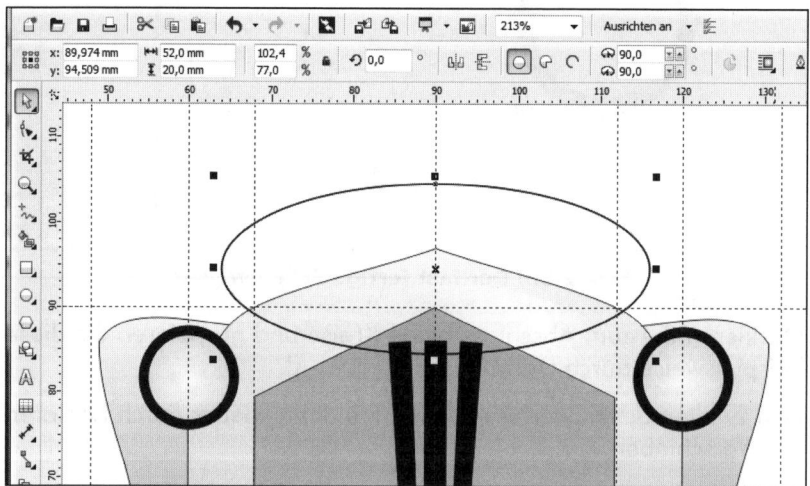

Abb. 2.40: Der erste Schritt zur Fahrerkabine

Kopieren Sie alle Eigenschaften der Stoßstange und platzieren Sie das Objekt hinter alle anderen.

Im Folgenden erstellen Sie auf der linken Seite ein Rechteck mit einer Höhe von 16 mm und einer Breite von 3 mm, dem Sie ebenfalls die Eigenschaften der Stoßstange zuweisen. Abschließend drehen Sie es um 15°.

Erstellen Sie eine Kopie und spiegeln Sie diese horizontal, bevor Sie sie mit gedrückter ⇧-Taste nach rechts verschieben.

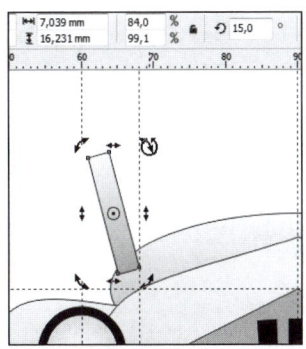

Abb. 2.41: Das Objekt drehen

Erstellen Sie ein weiteres Rechteck mit den Maßen *Breite* 64 mm und *Höhe* 3 mm, das Sie am oberen Rand der beiden zuvor erstellten Rechtecke platzieren. Abschließend runden Sie die Ecken mithilfe des Hilfsmittels *Form* ab.

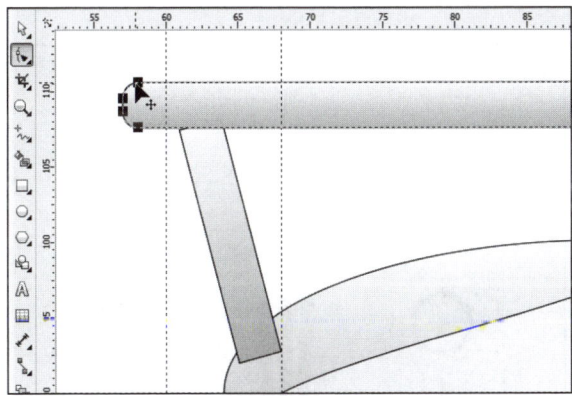

Abb. 2.42: Das Dach abrunden

Abschließend markieren Sie die vier zuletzt erstellten Objekte und rufen die Befehlsfolge *Anordnen / Formen / Verschmelzen* auf.

Das so entstandene neue Objekt platzieren Sie mit Strg + Ende hinter alle bisher existierenden Objekte.

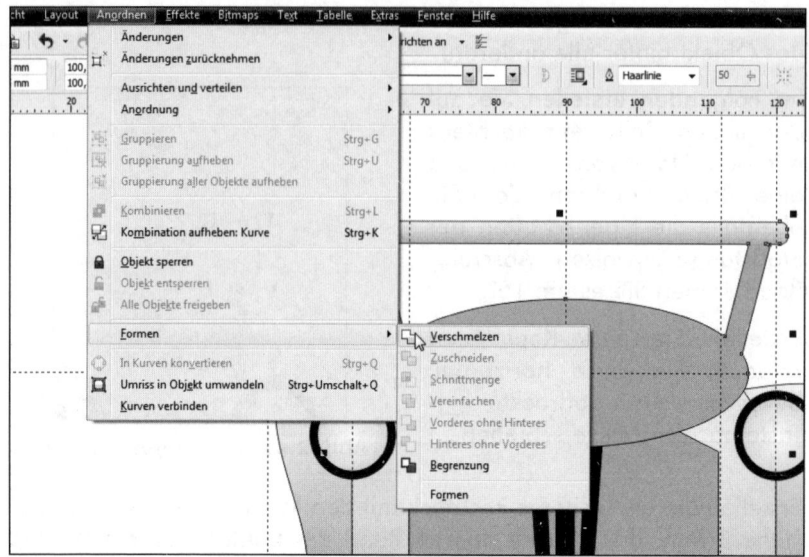

Abb. 2.43: Die Bestandteile des Dachs verschmelzen

Gruppieren Sie zum Schluss alle Objekte des Autos.

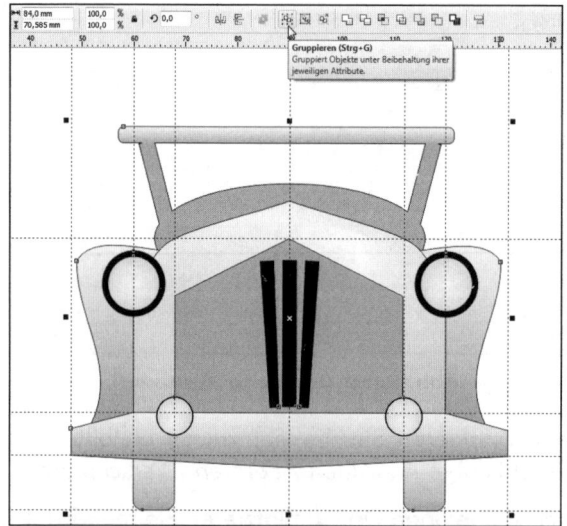

Abb. 2.44: Das fertige Auto gruppieren

Das Ganze sieht zwar schon recht gut aus, doch irgendwie fehlt da noch das gewisse Etwas. Dieser Effekt soll mit dem Hilfsmittel *Hinterlegter Schatten* erreicht werden. Mit diesem Hilfsmittel können Sie sehr einfach einen weichen Schatten zuweisen, wobei Sie den Abstand des Schattens, dessen Platzierung sowie Deckkraft und Farbe frei bestimmen können.

Klicken Sie auf das Flyoutmenü des Hilfsmittels *Überblendung* und wählen Sie das Hilfsmittel *Hinterlegter Schatten* aus.

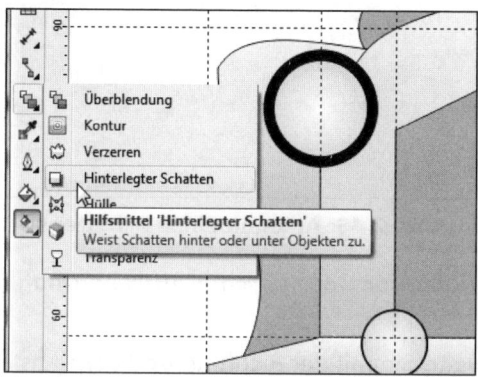

Abb. 2.45: Mit diesem Hilfsmittel legen Sie einen Schlagschatten an

Beim Erzeugen eines Schattens spielt es eine Rolle, welchen Punkt des Objekts Sie anklicken.

Bewegen Sie den veränderten Mauszeiger ungefähr in die Mitte des Rechtecks und klicken Sie dort. Halten Sie dann die Maustaste gedrückt, während Sie sie in die Richtung bewegen, in der der Schatten platziert werden soll.

> **TIPP**
>
> Möchten Sie die Schritte auf 15°-Winkel begrenzen, halten Sie dabei einfach zusätzlich die [Strg]-Taste gedrückt.

Illustrationen mit CorelDRAW

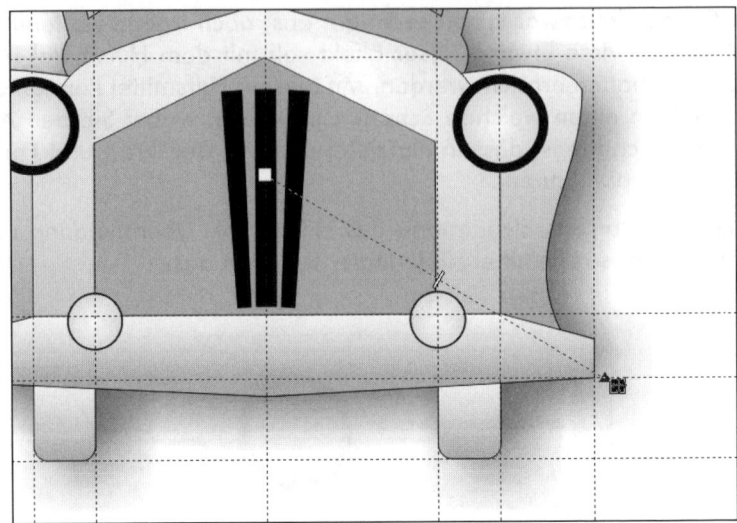

Abb. 2.46: Anlegen eines Schattens

Sobald der Schatten das gewünschte Aussehen hat, lassen Sie die Maustaste los.

Keine Sorge, wenn Sie mit der Richtung und dem Abstand des Schattens nicht zufrieden sind. Sie können diese Einstellungen nachträglich durch Verschieben der schwarzen quadratischen Markierungen verändern. Wenn Sie die Deckkraft des Schattens verändern wollen, ziehen Sie den Regler, der sich in Form eines kleinen weißen Rechtecks zwischen den Quadraten befindet, in die entsprechende Richtung. Die Farbe des Schattens können Sie über das Feld *Schattenfarbe*, das Sie in der Eigenschaftsleiste finden, verändern.

Manchmal kann es vorkommen, dass Sie einen Schatten entfernen möchten. Markieren Sie in diesem Fall das Objekt und rufen Sie dann über das Menü *Effekte* den Menüeintrag *Hinterlegter Schatten entfernen* auf.

Hintergrund des Logos

Nachdem das Auto so weit fertig ist, soll als Nächstes der Hintergrund des Logos entstehen.

Klicken Sie zunächst in der Hilfsmittelpalette auf das Symbol *Ellipse* und ziehen Sie rechts neben dem Auto eine solche auf.

Wechseln Sie danach zum Hilfsmittel *Auswahl* zurück, um die exakte Bemessung der Form in der Eigenschaftsleiste vorzunehmen.

TIPP

Möchten Sie die Form ändern, wählen Sie das Hilfsmittel *Form*, zeigen damit auf die rote Raute und ziehen den Mauszeiger in die gewünschte Richtung.

Tragen Sie 130 in das Feld *Breite* ein, drücken Sie die ⭾-Taste und tragen Sie 158 in das Feld *Höhe* ein.

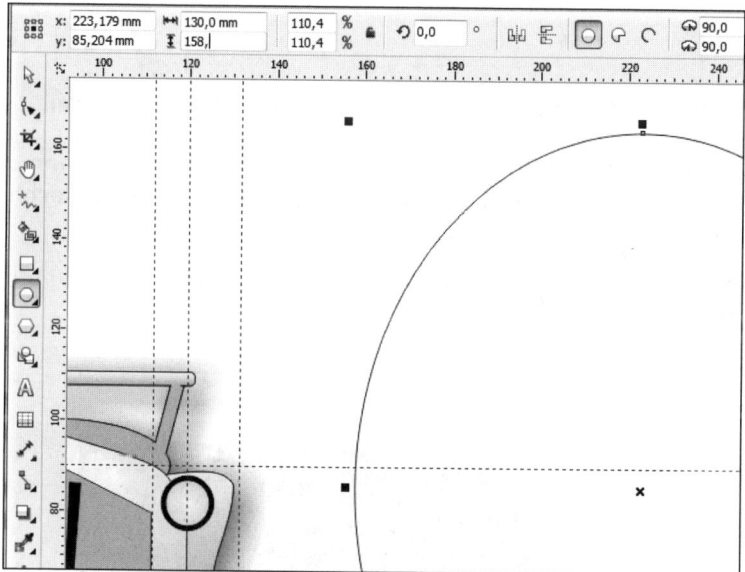

Abb. 2.47: Die Höhe und die Breite eingeben

Wenn Sie mit ⏎ bestätigen, wird die Form auf die gewünschten Ausmaße gebracht.

Versehen Sie diese Ellipse mit schwarzer Füllfarbe.

Illustrationen mit CorelDRAW

Erstellen Sie eine Kopie und färben diese weiß.

Anschließend ziehen Sie die Kopie etwas diagonal nach unten links weg.

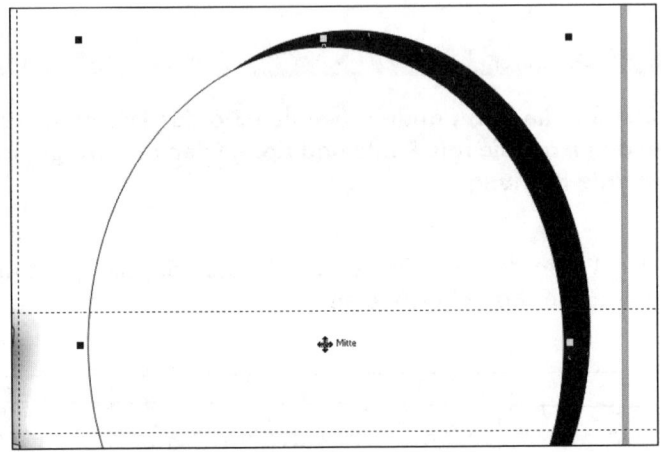

Abb. 2.48: Die Kopie diagonal nach unten links wegziehen

Wechseln Sie zum Hilfsmittel *Rechteck* und ziehen Sie zwischen den beiden horizontalen Hilfslinien bei 40 mm und 50 mm ein Rechteck mit einer Breite von 150 mm auf.

Konvertieren Sie dieses in Kurven und ziehen Sie den vorderen unten liegenden Knoten ca. 5 mm nach links.

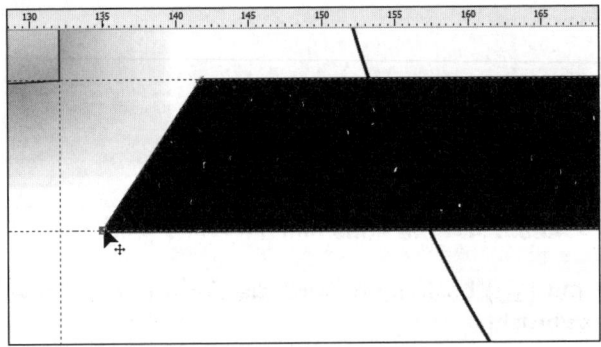

Abb. 2.49: Den vorderen unten liegenden Knoten nach außen ziehen

Verfahren Sie beim oberen rechten Knoten in entgegengesetzter Richtung.

Gruppieren Sie nun die drei Objekte und ziehen Sie sie auf das Auto. Da Sie diese Objektgruppe zuletzt erstellt haben, müssen Sie sie noch komplett mit [Strg] + [Ende] in den Hintergrund stellen.

Unser Logo neigt sich der Vollendung zu. Es fehlt nur noch die Vereinsbezeichnung.

Entfernen Sie zunächst alle Hilfslinien.

Doppelklicken Sie dazu auf das Lineal und aktivieren Sie im Dialogfeld *Optionen* die Kategorie *Hilfslinien*. Wechseln Sie jeweils in den Bereich *Horizontal* und *Vertikal* und klicken Sie dort auf die Schaltfläche *Alle löschen*.

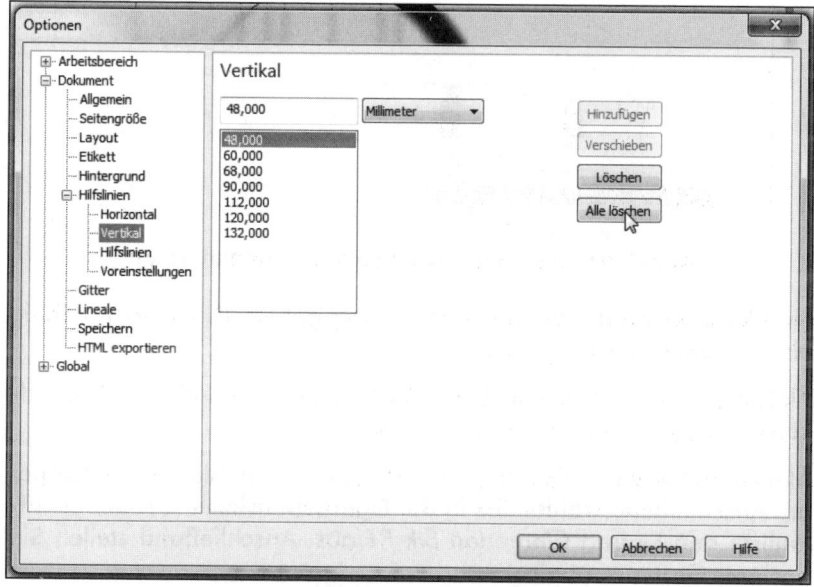

Abb. 2.50: Die Hilfslinien entfernen

Anschließend gruppieren Sie noch beide vorhandenen Objekte.

Diese sollen jetzt noch mittig auf der Seite ausgerichtet werden. Deshalb rufen Sie die Befehlsfolge *Ausrichten und verteilen / Mittelpunkt auf Seite* auf. Schneller geht es durch einfaches Drücken der Taste P.

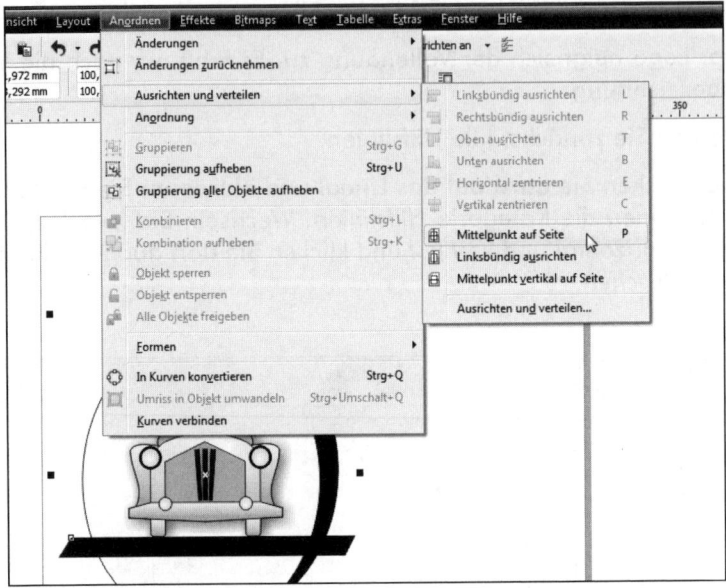

Abb. 2.51: Das fast fertige Logo mittig platzieren

Nun kann es an die Vereinsbezeichnung gehen. Diese wird mithilfe eines Grafiktextes eingefügt.

Aktivieren Sie das Hilfsmittel *Text*, klicken Sie unterhalb des Querbalkens und geben Sie Osthessen e.V. ein.

Aktivieren Sie das Hilfsmittel *Auswahl* und klicken Sie den Textkörper an. Anschließend wählen Sie in der Eigenschaftsleiste aus der Schriftenliste den Eintrag *Clarendon Blk BT* aus. Anschließend stellen Sie noch als *Größe* 24 pt ein.

Falls der Text mit einer roten Wellenlinie markiert erscheint, hat die Rechtschreibprüfung ein für sie falsches Wort erkannt. Wenn Sie mit der rechten Maustaste in dieses Wort hineinklicken, erhalten Sie eine Reihe an Vorschlägen, die Sie übernehmen oder ignorieren können.

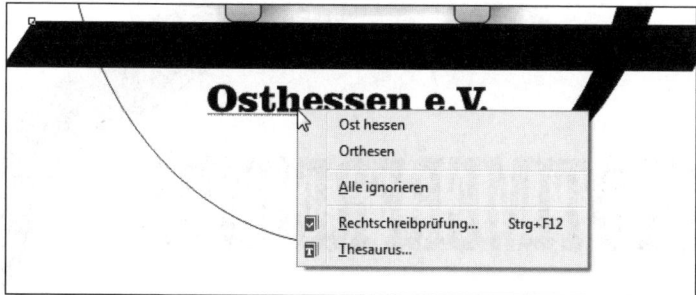

Abb. 2.52: Die Rechtschreibprüfung hat angeschlagen

Abschließend klicken Sie noch auf das weiße Farbfeld und ziehen den Text auf den schwarzen Balken.

Abb. 2.53: Der platzierte Text

Als Letztes erstellen Sie noch den Vereinsnamen, der oberhalb des Autos platziert werden soll. Dieser wird aus optischen Gründen mit einem Effekt ausgestattet.

Nachdem Sie das Hilfsmittel *Text* aktiviert haben, erstellen Sie den grafischen Text OLDTIMERFREUNDE. Formatieren Sie ihn mit der Schrift *Clarendon Blk BT* und passen Sie ihn mit dem Hilfsmittel *Auswahl* wie in der Abbildung ersichtlich an.

Abb. 2.54: Den grafischen Text anpassen

Dieser Schriftzug wird mit einer Hülle versehen. Damit können Sie die Grundform eines Objekts durch Verformung seiner Hülle verändern und so recht interessante Texteffekte gestalten.

Wählen Sie im Flyout *Interaktive Hilfsmittel* das Hilfsmittel *Hülle* aus.

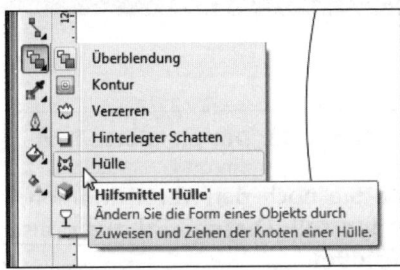

Abb. 2.55: Die Hülle zuweisen

Dadurch wird das gleichnamige Andockfenster eingeblendet und der Textzug mit einem rot gestrichelten Rahmen versehen. Dieser Rahmen wird von den sogenannten Steuerpunkten umgeben.

Wählen Sie als Nächstes in der Eigenschaftsleiste den gewünschten Hüllenmodus aus. Wählen Sie *Einfacher Bogen* und klicken Sie auf *Neu hinzufügen*.

Abb. 2.56: Eine Hülle hinzufügen

Klicken Sie dann auf den oberen mittleren Steuerpunkt und ziehen Sie ihn nach oben weg. Im gleichen Maße, wie Sie die Hülle ändern, ändert sich auch die Form des Objekts und der Text passt sich gleichfalls an.

Abb. 2.57: Die Hülle gestalten

Zum Schluss ziehen Sie nochmals einen Auswahlrahmen um alle Objekte und gruppieren das nun fertige Logo.

Abschlussarbeiten

Abschließend werden Sie ihr Meisterwerk sicherlich einmal im Ganzen betrachten wollen. CorelDRAW stellt Ihnen dafür eine Reihe an Möglichkeiten zur Verfügung.

Fürs Erste arbeiten wir mit den *Zoomfaktoren*. Sie finden in der Symbolleiste ein Listenfeld mit der gleichnamigen Bezeichnung, leicht zu erkennen an dem voreingestellten Wert von 100%. Klicken Sie auf den nach unten weisenden Pfeil. Es klappt eine Liste heraus, die mehrere Einträge enthält.

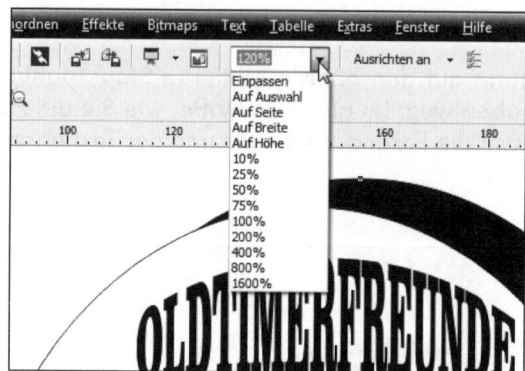

Abb. 2.58: Die verschiedenen Zoomfaktoren

Um einen Zoomfaktor zu verwenden, verschieben Sie die Markierung mit der Maus darauf und klicken einmal.

Es gibt noch ein weiteres Werkzeug, das Ihre Augen schont. Das Hilfsmittel *Zoom*. Sie finden es in der Hilfsmittelpalette und es ist ganz leicht auszumachen, da es das Symbol einer Lupe trägt.

Klicken Sie einmal darauf und bewegen Sie dann den Mauszeiger auf das Arbeitsblatt. Der Mauszeiger nimmt nun die Form einer kleinen Lupe mit einem Plussymbol in der Mitte an.

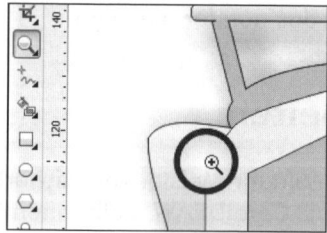

Abb. 2.59: Das Hilfsmittel *Zoom* im Einsatz

Wenn Sie sich den Arbeitsbereich mithilfe dieses Werkzeugs vergrößern möchten, setzen Sie die Lupe an eine Ecke des Bereichs, den Sie im Arbeitsfenster sichtbar machen wollen. Dann drücken Sie die Maustaste und halten sie gedrückt, während Sie die Lupe diagonal zum gegenüberliegenden Eckpunkt des gewünschten Abschnitts bewegen. Parallel zu Ihren Bewegungen wird der so überstrichene Bereich durch einen blauen Rahmen gekennzeichnet. Sobald Sie die Maustaste loslassen, wird der ausgewählte Bereich auf die volle Fenstergröße vergrößert.

Sie können sich aber auch der Symbole der Eigenschaftsleiste bedienen und beispielsweise die Schaltfläche *Auf Seitenbreite zoomen* anklicken, damit die Grafik so angezeigt wird, dass dabei die gesamte Breite der Seite verwendet wird.

Abb. 2.60: Arbeiten mit dem Zoom

Wenn Sie Ihr Logo einmal ohne Hilfsmittel, ohne Hilfslinien und ganz ohne störendes Beiwerk betrachten wollen, rufen Sie über das Menü *Ansicht* die *Ganzseitenvorschau* auf. Das geht noch schneller, wenn Sie die [F9]-Taste drücken.

Anschließend wird Ihnen Ihr Logo ohne störendes Beiwerk gezeigt.

Diese Ansicht können Sie mit einem Klick oder durch Drücken der [Esc]-Taste beenden.

Zum Schluss soll das Logo, genauer das Auto, für andere Anwendungen exportiert werden.

Zunächst müssen Sie die letzten beiden Gruppierungen rückgängig machen. Klicken Sie dazu zunächst auf die Schaltfläche *Gruppierung aufheben*.

Abb. 2.61: Die Gruppierung aufheben

Klicken Sie dann auf das Auto und rufen Sie die Befehlsfolge *Datei / Exportieren* auf.

Im folgenden Dialogfeld stellen Sie den Speicherort ein und wählen über das Listenfeld *Dateityp* den von Ihnen gewünschten Dateityp aus.

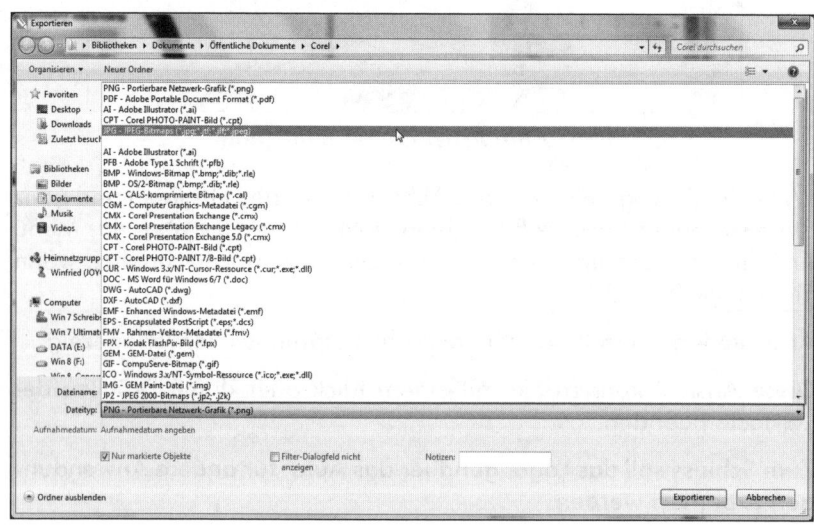

Abb. 2.62: Die Exportoptionen

Im Beispielsfall verwenden wir das png-Format, da man so die Grafik auch problemlos im Internet einsetzen kann.

Aktivieren Sie noch das Kontrollkästchen *Nur markierte Objekte*, da ja nur das Auto exportiert werden soll.

Klicken Sie dann auf die Schaltfläche *Exportieren*.

Je nach gewähltem Filter erscheint nun ein Dialogfeld, in dem Sie weitere Einstellungen zu dem konkreten Dateityp vornehmen können.

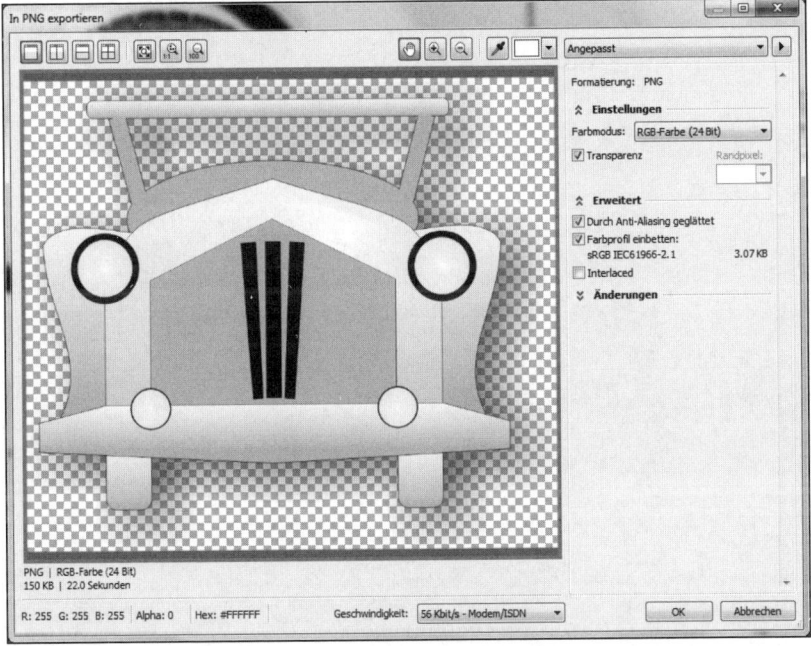

Abb. 2.63: Gegebenenfalls kann man weitere Exporteinstellungen vornehmen

Schließen Sie diese Arbeiten mit *OK* ab, damit die Datei erstellt wird.

Damit sind die Arbeiten an dem Logo beendet und Sie können die Datei – nachdem Sie sie hoffentlich gespeichert haben – schließen.

3 Bildbearbeitung mit Corel PHOTO-PAINT

Ziel

⇨ Perfekte Bilder mit dem Bildbearbeitungsprogramm Corel PHOTO-PAINT

Schritte zum Erfolg

⇨ Arbeitsumfeld erkunden

⇨ Bilder einscannen, von der Digitalkamera überspielen, aus Ordnern öffnen

⇨ Grundlegende Schritte bei der Bildbearbeitung kennenlernen

⇨ Die Bildqualität verbessern

⇨ Retusche und Fotomontage

In diesem Kapitel werden Sie Ihre ersten Schritte mit dem Modul Corel PHOTO-PAINT unternehmen und dabei mit den elementaren Werkzeugen des Programms ein paar Bilder auf Vordermann bringen.

Den Arbeitsbildschirm erkunden

Auch bei diesem Modul erscheint zunächst ein *Schnellstart*-Fenster, das Ihnen eine Reihe von grundlegenden Informationen bietet.

Schließen Sie es über das *Schließen*-Feld und verfahren Sie mit dem kleinen Fenster *Bildpalette* ebenso.

Nun sollte sich ein Anblick wie in folgender Abbildung bieten. Auch hier gibt es eine Reihe von Hilfsmitteln und Paletten, mit denen Sie sich vertraut machen sollten.

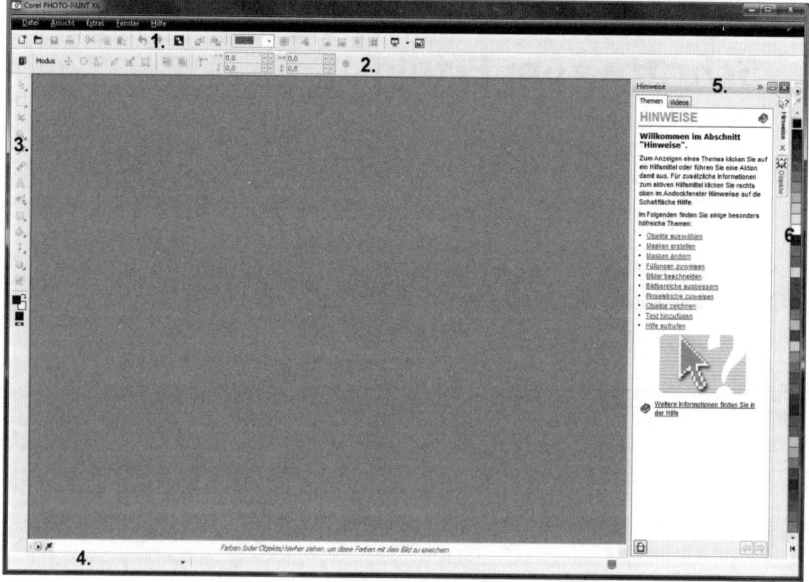

Abb. 3.1: Der Corel PHOTO-PAINT-Startbildschirm

Wie Sie sehen, ähnelt der grundlegende Arbeitsbildschirm dem von CorelDRAW, sodass man sich schnell zurechtfindet.

1   *Symbolleiste Standard*: Enthält die grundlegenden Menüs und Befehle.

2   *Eigenschaftsleiste*: Sie enthält Steuerelemente des gerade aktiven Hilfsmittels und ist Anlaufpunkt für alle wesentlichen Einstellungen der Objekte.

3   *Hilfsmittelpalette*: Diese Leiste (auch *Werkzeugleiste* genannt) enthält die verschiedenen Werkzeuge, die Sie zum Bearbeiten der Bilder benötigen.

4   *Statusleiste*: In der Statusleiste finden Sie Informationen zu den einzelnen Objekten.

5   *Andockfenster*: Die Andockfenster ermöglichen den schnellen Zugriff auf Befehle und Menüs.

6   *Farbpalette*: Sie zeigt Ihnen standardmäßig Farben der aktuellen Farbpalette in kleinen Quadraten an.

Woher die Bilder kommen

Das beste Bildbearbeitungsprogramm wie Corel PHOTO-PAINT nutzt kaum etwas, wenn Sie keine Bilder haben.

Im Prinzip sind es drei Quellen, von denen Sie Bilder beziehen können:

⇨   Sie scannen Bilder ein,

⇨   Sie fotografieren Bilder selbst oder

⇨   Sie beziehen Bilder aus Ihrem Fundus.

Bilder einscannen

Bilder, die Ihnen in gedruckter Form vorliegen, müssen Sie mithilfe eines Scanners auf Ihren Rechner kopieren, bevor Sie sie öffnen können. Dabei werden die Bilder in eine Matrix einzelner Bildpunkte (die Pixel) zerlegt.

Zunächst gilt es den Scanner einzuschalten. Anschließend wählen Sie die Befehlsfolge *Datei / Bild holen / Quelle auswählen*.

Es erscheint das Dialogfeld *Quelle auswählen*. In diesem sollte jetzt Ihr Scanner aufgelistet sein. Markieren Sie ihn und klicken Sie auf *Auswählen*.

Wundern Sie sich nicht, dass vermeintlich nichts passiert. Sie müssen erneut das Menü *Datei* aufrufen und dann das Untermenü *Bild holen*. Diesmal wählen Sie allerdings dann *Bild holen*.

Im folgenden Dialogfeld klicken Sie zunächst einmal auf die Schaltfläche *Vorschau*, um den gegenwärtigen Stand zu erfassen.

Das Bild wird gescannt und das Ergebnis im Vorschaubereich präsentiert.

Wie Sie bemerken, ist das Bild von einem gestrichelten Rahmen mit vier kleinen Quadraten umfasst. Der Vorabscan hat die Ausmaße des Bildes erfasst und zeigt Ihnen den zu scannenden Bereich an. Ist er nicht in Ihrem Interesse, können Sie das gescannte Bild mithilfe der kleinen Rechtecke um den gewünschten Ausschnitt bei Bedarf beschneiden und den Scan auf das Wesentliche beschränken.

Auf der linken Seite stellen Sie nun eine der vier Bildtypoptionen ein:

- ⇨ *Farbbild*: Das ist die Standardeinstellung für das Scannen von Farbbildern. Dabei werden die Bilder im sogenannten RGB-Modell erfasst. Die Abkürzung RGB steht für die Farben Rot, Grün und Blau. Bei diesem Modell wird jedem Pixel ein Wert zwischen 0 und 255 für die einzelnen RGB-Komponenten in einem Farbbild zugewiesen. So bestimmt sich beispielsweise für eine leuchtend rote Farbe der Rot-Wert von 246, der Grün-Wert von 20 und der Blau-Wert von 50. Beträgt der Wert aller Komponenten 255, entsteht reines Weiß, bei einem Wert von 0 reines Schwarz. Mithilfe dieser drei Farben können bis zu 16,7 Millionen Farben auf dem Bildschirm dargestellt werden.

- ⇨ *Graustufenbild*: Wählen Sie diese Option, wenn Sie Graustufenbilder einscannen möchten. Bei diesem Modus sind bis zu 256

Grauschattierungen möglich. Das wird dadurch erreicht, dass jedem Pixel ein Helligkeitswert zwischen 0 (Schwarz) und 255 (Weiß) zugewiesen wird.

➪ *Schwarzweißfoto oder Text*: Diese Einstellung nehmen Sie für Texte oder einfache Strichzeichnungen. Dieser Modus verwendet für die Darstellung der Pixel in einem Bild einen von zwei Farbwerten (Schwarz oder Weiß).

➪ *Benutzerdefinierte Einstellungen*: Wählen Sie diese Option, wenn sich das zu scannende Bild unter keine der zuvor erklärten Optionen fassen lässt.

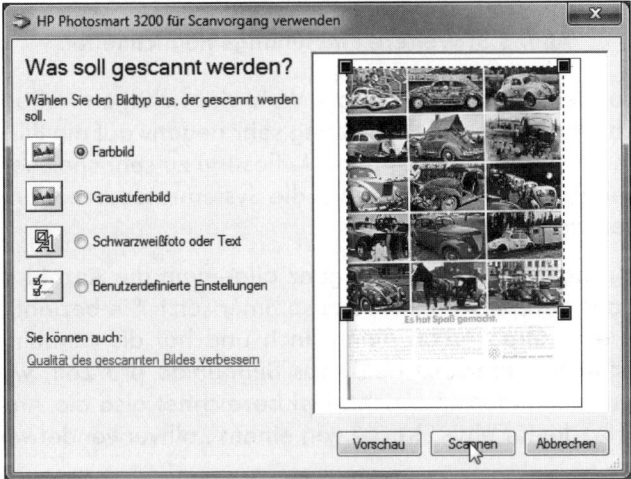

Abb. 3.2: Den Bildausschnitt festlegen

Darüber hinaus können Sie die *Qualität des gescannten Bildes verbessern*, indem Sie ein paar weitere Einstellungen vornehmen.

Nachdem Sie auf diesen Hyperlink geklickt haben, erhalten Sie das Dialogfeld *Erweiterte Eigenschaften*, in dem Sie die Scanauflösung erhöhen und auch Anpassungen der Helligkeit und des Kontrasts vornehmen können.

Abb. 3.3: Weitere Einstellungsmöglichkeiten

Von besonderer Bedeutung ist die Wahl der richtigen Auflösung. So kann sich eine zu niedrige Auflösung sehr negativ auf die Bildqualität auswirken, während eine zu hohe Auflösung zu sehr speicherintensiven Bildern führen kann, die rasch die Systemressourcen Ihres Computers verringern können.

Auflösung bezeichnet zunächst ganz allgemein die Anzahl der Bildpunkte, aus denen sich ein Bild zusammensetzt. Sie bezieht sich immer auf eine Strecke von einem Inch und hat die Maßeinheit dpi (dots per inch). Übersetzt heißt das Bildpunkte pro Zoll, wobei ein Zoll 2,54 Zentimeter entspricht. Dpi bezeichnet also die Anzahl der Bildpunkte, die für eine Strecke von einem Zoll verwendet wird.

Möchten Sie Bilder in Originalgröße reproduzieren, sollten Sie die folgenden Standardwerte als Orientierungshilfe für die Scanauflösung verwenden:

⇨ Webanwendung   72 dpi

⇨ 600-dpi-Tintenstrahl- oder Laserdrucker   180 dpi

⇨ Multimediaanwendung (Bildschirm)   96 dpi

⇨ Offsetdruck mit 60er-Raster   300 dpi

Über die beiden Drehpfeile stellen Sie die erforderliche Auflösung ein und mit OK verlassen Sie das Dialogfeld.

Zurück im Hauptfenster kann es endlich losgehen.

Klicken Sie auf *Scannen*. Der Scanner beginnt mit seiner Arbeit und zeigt Ihnen den Fortschritt in einem Balken an.

Nach und nach wird das Bild übertragen und anschließend in einer neuen Datei platziert.

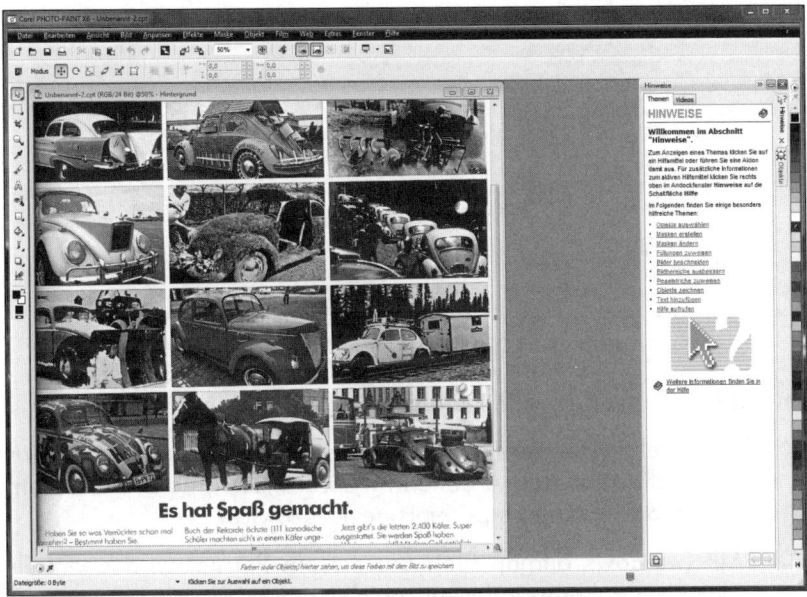

Abb. 3.4: Das eingescannte Bild

Dieses Bild muss im Regelfall noch bearbeitet, beispielsweise gedreht, werden. Doch zunächst sollten Sie es einmal abspeichern.

Rufen Sie über die Befehlsfolge *Datei / Speichern unter* das Dialogfeld *Bild auf Datenträger speichern* auf.

Nachdem Sie den Speicherort eingestellt haben, müssen Sie noch die Frage des Dateityps entscheiden. Klicken Sie auf den Listenpfeil des Feldes *Dateityp*, um die Vielfalt der Möglichkeiten einzusehen.

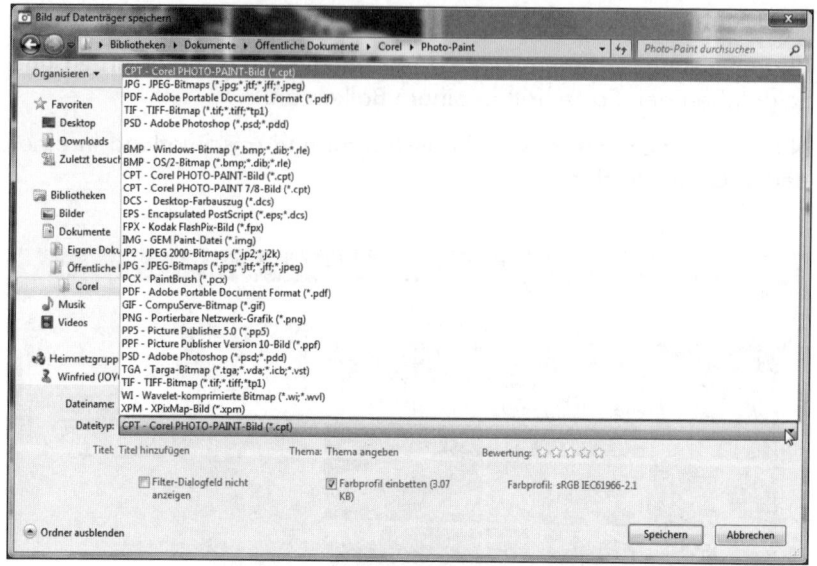

Abb. 3.5: Die möglichen Dateiformate

Im Alltag werden folgende Dateitypen relevant sein:

⇨ **CPT** (corel photo-paint template): Hierbei handelt es sich um das Standardformat zum Arbeiten in Corel PHOTO-PAINT, bei dem jeder Bildpunkt unkomprimiert gesichert wird.

⇨ **BMP** (windows bitmap file): Bei diesem Format wird ebenfalls jedes Pixel unkomprimiert gespeichert.

⇨ **TIF** (tagged image file format): Dieses Format erlaubt einen Austausch auf allen Computerplattformen.

⇨ **GIF** (graphics interchange format): Ein Format, das nur maximal 256 Farben abspeichern kann und deshalb für Grafiken geeignet ist.

⇨ **JPG** (joint photographic experts group): Ein gängiges Format mit einer fotorealistischen Komprimierung, das beispielsweise für Fotos geeignet ist und deshalb von vielen Digitalkameras verwendet wird.

⇨ **PNG** (portable network graphics): Ein relativ neues, lizenzfreies Format, das die Vorteile von GIF und JPG vereint.

⇨ *PDF* (portable document format): Das Format, wenn es um den unkomplizierten Austausch von Informationen geht. Um diese Dateien zu betrachten, benötigt man lediglich den kostenlosen Adobe Reader.

Wählen Sie das gewünschte Format aus und klicken Sie dann auf die Schaltfläche *Speichern*.

Digitalkamera

Sind Sie stolzer Besitzer einer Digitalkamera, können Sie die Bilder direkt von dort importieren. Wie Sie gleich sehen werden, müssen Sie keine großen Einstellungen vornehmen, denn das Programm ist so voreingestellt, dass die Bilder nahezu automatisch übernommen werden.

Zunächst nehmen Sie Ihre Kamera, verbinden sie mit dem Übertragungskabel direkt mit der USB-Schnittstelle Ihres Rechners und schalten sie dann ein.

Anschließend wählen Sie in PHOTO-PAINT die Befehlsfolge *Datei / Bild holen / Quelle auswählen*. Es erscheint das Dialogfeld *Quelle auswählen*. In diesem sollte jetzt Ihre Kamera aufgelistet sein. Markieren Sie sie und klicken Sie auf *Auswählen*.

Abschließend rufen Sie die Befehlsfolge *Datei / Bild holen / Holen* auf, wodurch das Dialogfeld *Bilder von <Kameraname> übertragen* erscheint (siehe Abbildung 3.6).

Nun müssen Sie nur noch das Bild bzw. die Bilder markieren (in diesem Fall müssen Sie mit gedrückter [Strg]-Taste die Bilder nacheinander anklicken), das bzw. die Sie von der Kamera holen wollen.

Anschließend klicken Sie auf die Schaltfläche *Bilder übertragen* und Corel PHOTO-PAINT holt die Bilder von der Kamera (siehe Abbildung 3.7).

Auch diese Bilder können Sie, wie im vorherigen Abschnitt gezeigt, abspeichern.

Abb. 3.6: Welche Bilder möchten Sie von der Kamera holen?

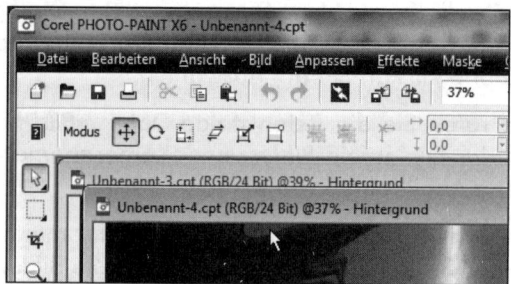

Abb. 3.7: Es wurden zwei Bilder von der Kamera geholt

Dateien öffnen

Sie besitzen bereits einen Fundus an Bildern auf Ihrer Festplatte? Dann können Sie diese in Corel PHOTO-PAINT öffnen.

Rufen Sie die Befehlsfolge *Datei / Öffnen* auf, um zum gleichnamigen Dialogfeld zu gelangen.

Zunächst stellen Sie den Bibliotheksordner ein, in dem sich die Bilder befinden. Sodann müssen Sie nur noch das bzw. die (nacheinander mit gedrückter Strg -Taste) gewünschten Bilder markieren.

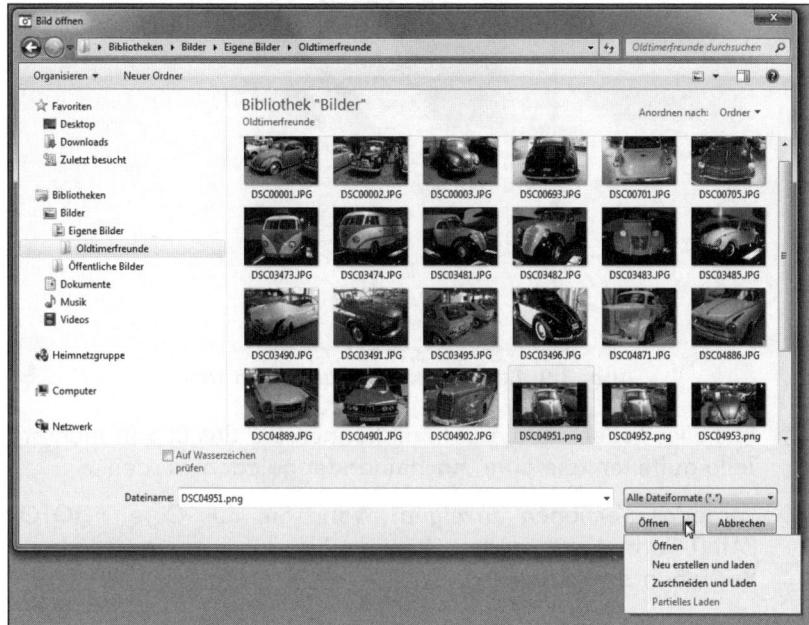

Abb. 3.8: Die Optionen beim Öffnen

Corel PHOTO-PAINT bietet Ihnen allerdings die Möglichkeit, Einfluss auf die Art des Öffnens zu nehmen.

So finden sich im Menü der Schaltfläche *Öffnen* folgende Optionen:

▻ *Öffnen*: Hierbei handelt es sich um den Normalfall und das Bild bzw. die Bilder werden einfach geöffnet.

▻ *Neu erstellen und laden*: In diesem Fall können Sie bestimmen, dass das Bild in einer bestimmten Größe und Auflösung im Programmfenster angezeigt wird.

▻ *Zuschneiden und laden*: Diese Option ermöglicht Ihnen, einen Ausschnitt des Bildes festzulegen, der dann in Corel PHOTO-PAINT geöffnet wird.

Abb. 3.9: Legen Sie den Ausschnitt fest

⇨ *Partielles Laden*: In diesem Fall können Sie das Bild in mehrere Teile aufteilen, die dann nacheinander geladen werden.

⇨ *Vorherige Versionen anzeigen*: Wenn Sie das Corel PHOTO-PAINT-Format verwenden, können Sie auf zuvor gespeicherte Versionen zurückgreifen.

Grundlegende Bildbearbeitungen

Sie haben Bilder, die nicht so aussehen, wie sie eigentlich sollten? Keine Sorge. Corel PHOTO-PAINT hat alles an Bord, was Sie brauchen, um solchen Bildern neuen Glanz zu verleihen. Allerdings sollten Sie bedenken, dass das Korrigieren von Bildern neben Geduld auch ein wenig Erfahrung und Übung erfordert.

Bilder drehen

Manchmal wird die Kamera beim Fotografieren eines Objekts hochkant oder ein wenig schief gehalten. In diesen Fällen gilt es zunächst das Bild zu drehen.

Für das einfache Drehen genügt ein Aufruf des entsprechenden Untermenüs des Menüpunkts *Drehen* (Menü *Bild*).

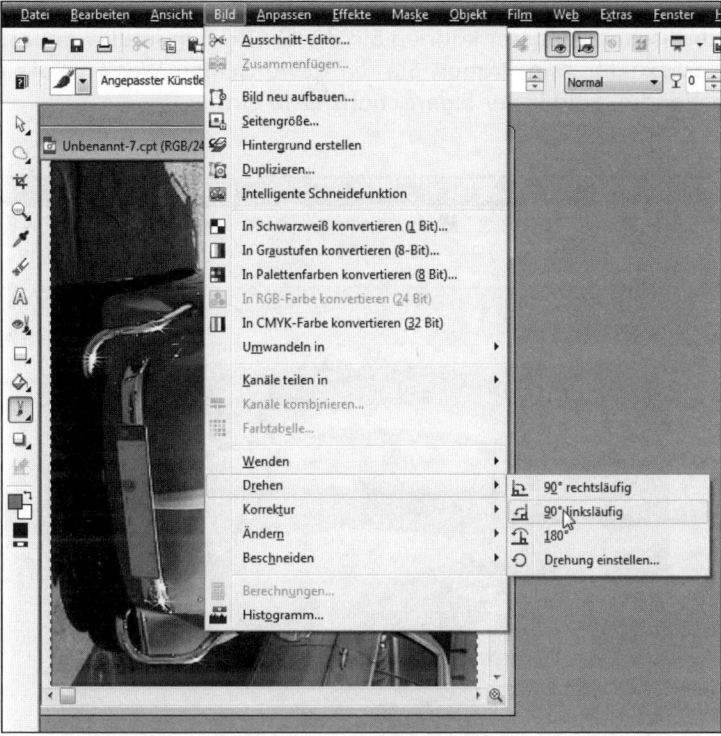

Abb. 3.10: Ein Bild drehen

Möchten Sie Einfluss auf den Drehwinkel nehmen, entscheiden Sie sich für den Menüpunkt *Drehung einstellen* und geben im folgenden Dialogfeld den gewünschten Wert an.

Bilder beschneiden

Sehr oft werden Sie Fotos vorfinden, bei denen unnötige Elemente entfernt werden sollen oder die nicht das gewünschte Format besitzen. In solchen Fällen kommt das Hilfsmittel *Beschneiden* zum Einsatz. Mit diesem Werkzeug können Sie Bilder beschneiden oder auch gerade richten.

Um ein Bild zu beschneiden, wählen Sie das betreffende Werkzeug aus und ziehen auf dem Bild einen Rahmen auf. Über die kleinen quadratischen Anfasser können Sie die Größe nun intuitiv anpassen. Soll es exakter sein, tragen Sie die gewünschten Werte in die entsprechenden Felder der Eigenschaftsleiste ein.

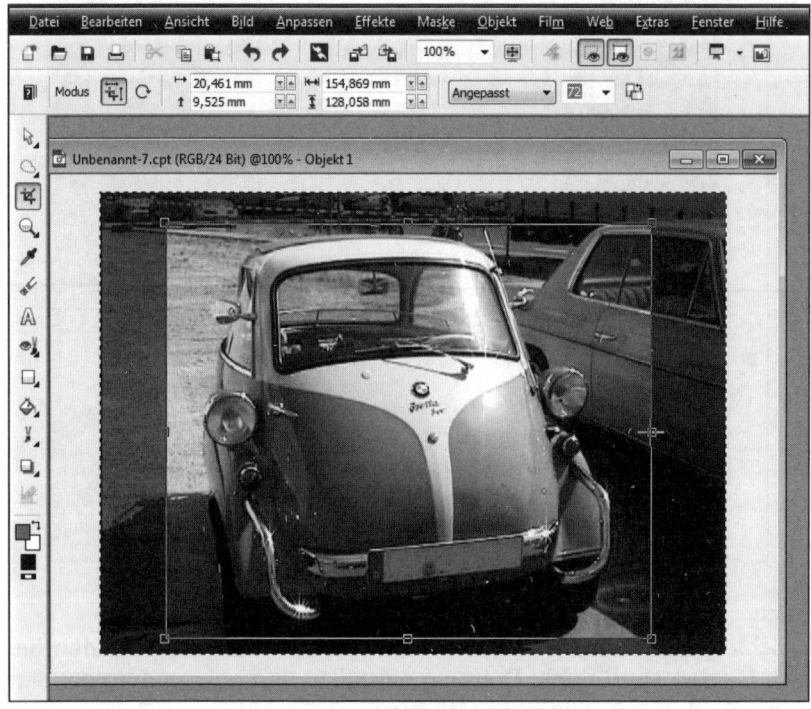

Abb. 3.11: Ein Bild beschneiden

Wenn alles passt, führen Sie einen Doppelklick innerhalb des Rahmens aus und schon ist das Bild beschnitten.

Soll es dagegen gerade gerichtet werden, klicken Sie nach dem Auswählen mit dem Hilfsmittel *Beschneiden* innerhalb des Rahmens. Dadurch erscheinen die Drehpfeile, mit denen Sie nun die gewünschte Geraderichten-Aktion durchführen können.

Dazu bewegen Sie entweder den Mauszeiger auf einen der Drehpfeile an den Ecken und richten mit gedrückter Maustaste das Bild aus. Oder Sie stellen im Feld *Winkel* ein, um wie viel Grad der Zuschneidebereich gedreht werden soll.

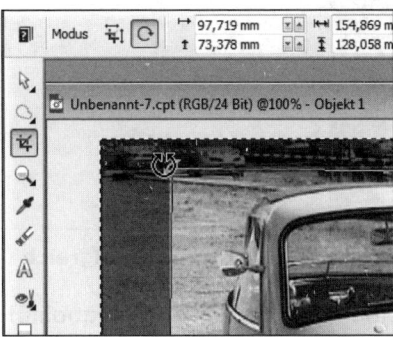

Abb. 3.12: Das Bild ausrichten

Bilder anpassen

Sind Ihre Bilder etwa zu dunkel, zu hell, haben sie einen Farbstich oder sind sie gar unscharf? Dann müssen diese Bilder optimiert werden. Corel PHOTO-PAINT bietet Ihnen hierfür eine Reihe von Optionen an.

Auf die Schnelle

Sie haben keine Lust oder Zeit, sich Ihren Bildern ausführlich zu widmen? Dann lassen Sie doch einmal Corel PHOTO-PAINT ran.

Nachdem das Bild geladen wurde, rufen Sie die Befehlsfolge *Anpassen / Automatische Anpassung* auf (siehe Abbildung 3.13).

Sehr oft werden Sie dabei sofort einen sichtbaren Erfolg erzielen. Corel PHOTO-PAINT versucht dabei, das Bild anhand der vorhandenen Pixel zu optimieren.

Vielleicht fragen Sie sich jetzt, woran man feststellen kann, ob ein Bild gut oder schlecht ist.

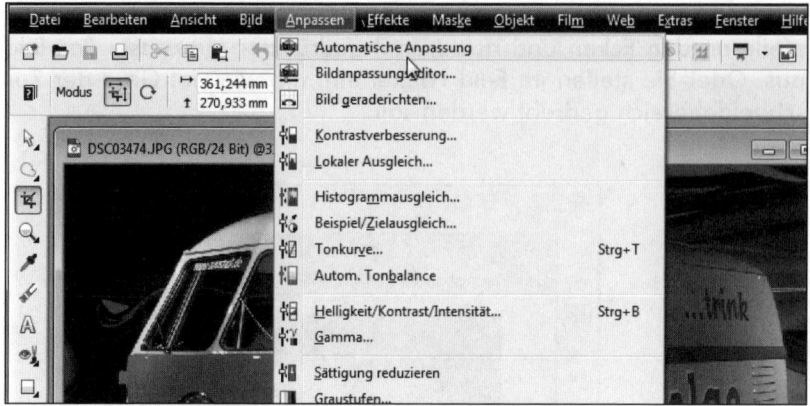

Abb. 3.13: Oftmals erfolgreich

Deshalb gibt es eine Möglichkeit, die Bildqualität neutral zu ermitteln: das *Histogramm*.

Rufen Sie das entsprechende Dialogfeld über das Menü *Bild* auf.

Zum einen ist das gewiss eine subjektive Entscheidung und zum anderen könnte man meinen, dass man das am Bildschirm sieht. Allerdings gilt es dabei zu beachten, dass Ihr Bildschirm falsch eingestellt sein könnte und so eine optimale Vorlage gar nicht gut herüberkommt.

In diesem Dialogfeld werden alle Bildpunkte eines Bildes analysiert und insbesondere die Häufigkeit festgestellt. In der linken Hälfte sehen Sie alle dunklen Pixel eines Bildes, in der rechten Hälfte dagegen die hellen. Dabei gilt, dass je höher der Berg des Diagramms an einer bestimmten Stelle ist, desto mehr Bildpunkte dieser Stufe gibt es dort.

Wenn Sie sich Abbildung 3.14 ansehen, wird Ihnen gewiss auffallen, dass es auf der rechten Seite eine Stelle gibt, an der so gut wie keine Bildpunkte zu finden sind. Das bedeutet, dass an dieser Stelle schwarze (dunkle) Bildpunkte fehlen und das Bild deshalb zu hell ist.

Bei einem optimalen Bild sollte es vom linken bis zum rechten Rand Vorkommnisse geben und diese sollten wie die berühmte gaußsche Glockenkurve verteilt sein.

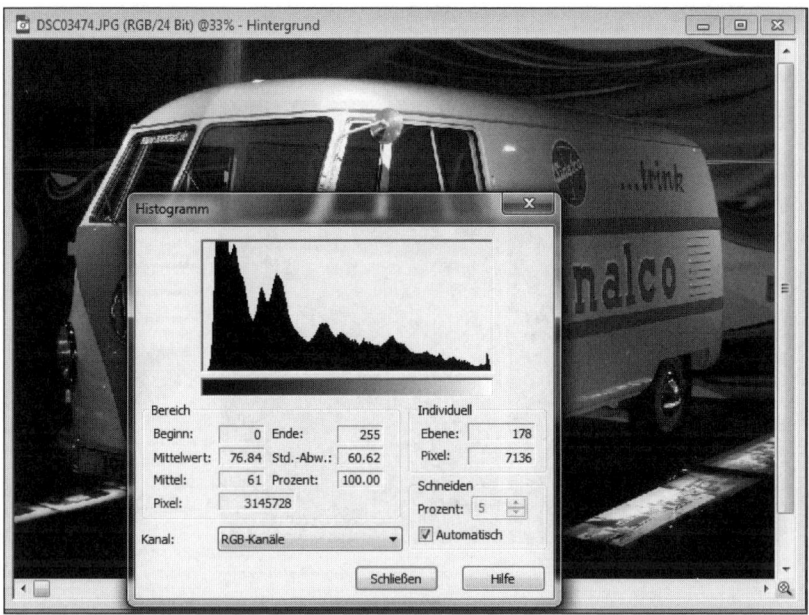

Abb. 3.14: Das Histogramm hilft beim Beurteilen

Bildanpassungseditor

Es gibt noch eine weitere Möglichkeit, Farbe und Ton der meisten Fotos schnell und einfach zu korrigieren: mit dem *Bildanpassungseditor*. Dieser bietet Ihnen automatische und manuelle Korrekturoptionen, die in einer für die Bildkorrektur logischen Reihenfolge angeordnet sind.

Klicken Sie auf *Anpassen / Bildanpassungseditor*, um das Dialogfeld zu erhalten.

Im oberen Bereich finden Sie einige Schaltflächen, mit denen Sie das Bild bearbeiten können. Beispielsweise können Sie es drehen, einen Bildausschnitt verschieben oder vergrößern oder es vollständig einpassen. Des Weiteren finden Sie drei Schaltflächen, mit denen Sie die Vorschau steuern können. Für das weitere Arbeiten ist es hilfreich, wenn Sie die Schaltfläche *Vorher/Nachher-Gesamtschau* aktivieren, um gleich das Ergebnis Ihrer Einstellungsarbeiten zu betrachten.

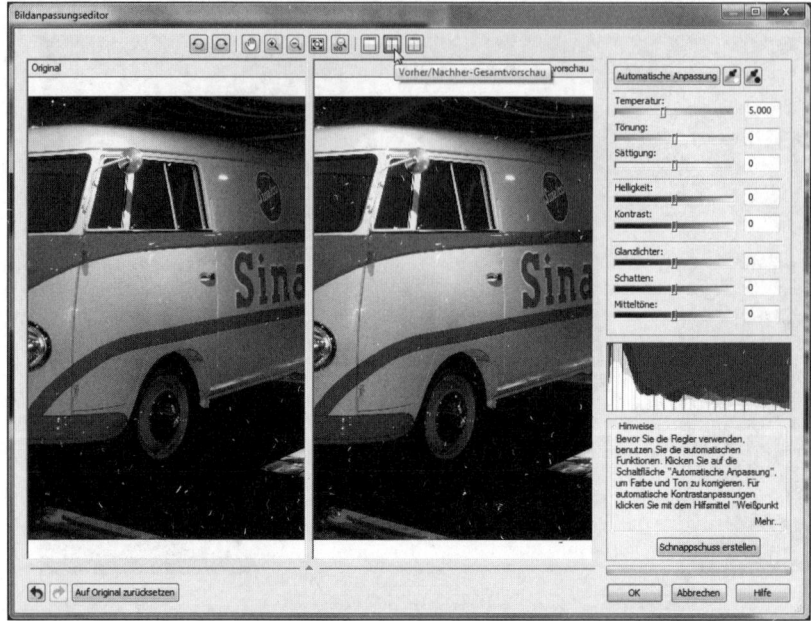

Abb. 3.15: Der *Bildanpassungseditor*

Um gleich einmal den Unterschied zu sehen, klicken Sie auf *Automatische Anpassung*.

Ist das Ergebnis zu Ihrer Zufriedenheit, war es das auch schon. Ist das nicht der Fall oder überzeugt Sie das Ergebnis nicht, klicken Sie auf die Schaltfläche *Auf Original zurücksetzen*, um selbst auf die Suche nach dem besseren Bild zu gehen.

Beginnen Sie dazu im rechten Bereich oben mit der Auswahl der Korrekturoptionen, die zur Behebung der speziellen Probleme in Ihrem Bild notwendig sind, und arbeiten Sie sich dann nach unten vor.

Im Einzelnen können Sie mithilfe der Schieberegler Folgendes einstellen:

⇨ *Temperatur*: Neben den Lichtverhältnissen hat eine ausgewogene Farbverteilung Auswirkung, wie man ein Bild empfindet. Möchten Sie unerwünschte Farbstiche entfernen oder Farben mit zu starker bzw. zu geringer Sättigung korrigieren, so müssen Sie für eine ausgewogene Farbbalance des Bildes sorgen. Durch die

Einstellungen, die Sie über diesen Regler vornehmen, können Sie die Farben wärmer oder kälter wirken lassen. Im ersten Fall ziehen Sie den Regler nach rechts in den roten und im zweiten Fall nach links in den blauen Bereich.

⇨ *Tönung*: Mit diesem Regler korrigieren Sie die Farbstiche, indem Sie den Grün- bzw. Magenta-Anteil der Farben erhöhen und so eine Feinjustierung der Farben vornehmen, die durch Änderungen der Temperaturwerte hervorgerufen waren.

⇨ *Sättigung*: Die Sättigung legt die Intensität der Farbtiefe und somit die Leuchtkraft für jede Farbe im Bild fest. Auf diese Weise können Grau-Anteile aus der Farbe entfernt werden und Sie können mit diesem Regler die Farben leuchtender oder gedeckter gestalten.

⇨ *Helligkeit*: Mit dem Helligkeitsregler können Sie die Helligkeit des gesamten Bildes in zu dunklen Bereichen erhöhen und somit Objekte klarer darstellen oder die Helligkeit in zu hellen Bereichen abdunkeln, damit das Bild insgesamt harmonischer wirkt.

⇨ *Kontrast*: Über diesen Regler können Sie den Kontrast zwischen zwei benachbarten Bildpunkten erhöhen. Dadurch werden die Kanten schärfer hervorgehoben und dies bringt die Konturen klarer hervor.

⇨ *Glanzlichter*: Dieser Regler passt die hellsten Bereiche eines Bildes an.

⇨ *Schatten*: Mit diesem Regler erreichen Sie das Gegenteil des vorherigen Reglers, denn hier wird die Helligkeit der dunkelsten Bereiche angepasst.

⇨ *Mitteltöne*: Die Helligkeit der mittleren Töne eines Bildes werden über diesen Regler gesteuert.

TIPP

Beim Ausprobieren werden Sie sicherlich das ein oder andere Mal ein Ergebnis erhalten, mit dem Sie zufrieden sind. Möchten Sie es festhalten und weiter experimentieren, klicken Sie auf die Schaltfläche, um eine Momentaufnahme zu erstellen, zu der Sie später zurückkehren können, wenn die nachfolgenden Einstellungen misslingen.

Mit OK schließen Sie Ihre Bearbeitungen ab.

Bilder gerade richten

Nicht immer wird das Geraderichten von Bildern mithilfe des Hilfsmittels *Beschneiden* Ihren Wünschen entsprechen. Mit dem Dialogfeld *Bild geraderichten* können Sie diesen Vorgang dialoggesteuert vornehmen.

Nachdem Sie das Dialogfeld über die Befehlsfolge *Anpassen / Bild geraderichten* aufgerufen haben, können Sie über den Regler *Bild drehen* den Winkel verändern und mithilfe des Gitternetzes die richtige Ausrichtung finden.

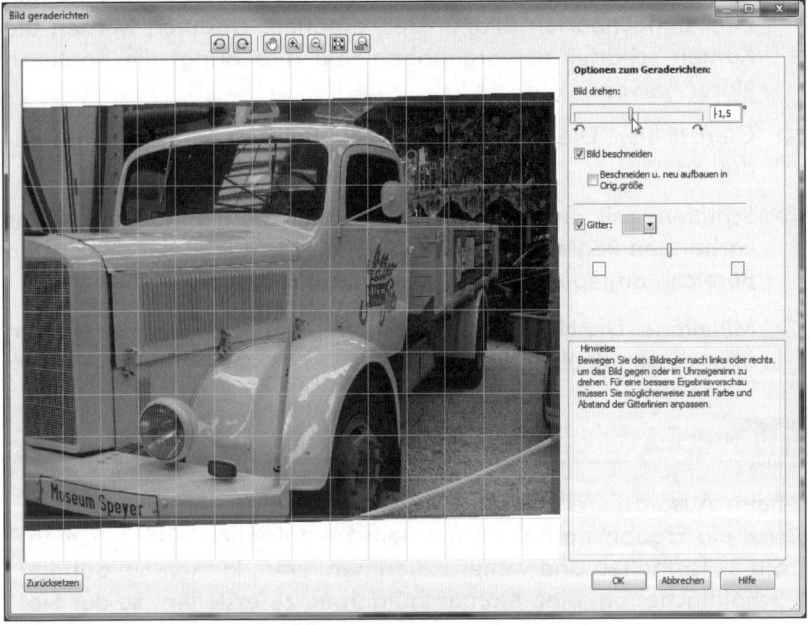

Abb. 3.16: Ein Bild gerade richten

Wenn Sie auf die Schaltfläche OK klicken, wird das Bild gemäß Ihren Vorgaben ausgerichtet und beschnitten, sofern Sie das Kontrollkästchen *Bild beschneiden* nicht deaktiviert haben.

Verbesserung der Bildqualität

Neben den eben gezeigten Möglichkeiten der Bildkorrektur bietet Ihnen Corel PHOTO-PAINT noch weitere Möglichkeiten, Einfluss auf die Bildqualität zu nehmen.

Kontrastverbesserung

Über die Befehlsfolge *Anpassen / Kontrastverbesserung* können Sie Einfluss auf den Kontrast zwischen gleichmäßigen Bereichen nehmen, indem Sie Details in hellen und dunklen Bereichen verstärken und somit dem Bild zu mehr Brillanz verhelfen.

Diese digitalen Informationen eines Bildpunkts werden als Tonwert bezeichnet. Genauer gesagt ist der Tonwert die Intensität einer Farbe in einem Bereich von 0% bis 100%. Tonwerte sind demnach nichts anderes als die unterschiedlichen Farbtöne eines Bildes. Diese sollten möglichst gleichmäßig verteilt sein, d.h., es sollten ganz weiße und ganz schwarze Pixel vorhanden sein und sich wie bei einer gaußschen Glockenkurve verteilen. Sehr oft finden sich aber nur Vorkommnisse in den Mitteltönen oder diese sind zu dunkel oder zu hell – solche Fehler müssen dann behoben werden.

Um die Helligkeit des Bildes insgesamt zu ändern, nehmen Sie eine Einstellung am Regler *Gamma-Anpassung* vor. Standardmäßig beträgt der Wert *1,00*.

Wenn Sie einen höheren Wert einstellen, wird das Bild insgesamt heller; entscheiden Sie sich für einen niedrigeren Wert, wird das Bild abgedunkelt.

Wenn Sie den Gammawert verschieben, wird der Tonwertberg bewegt.

Wenn dabei – wie in Abbildung 3.17 – der gesamte Bereich nach links verschoben wird, wird das gesamte Bild entsprechend dunkler.

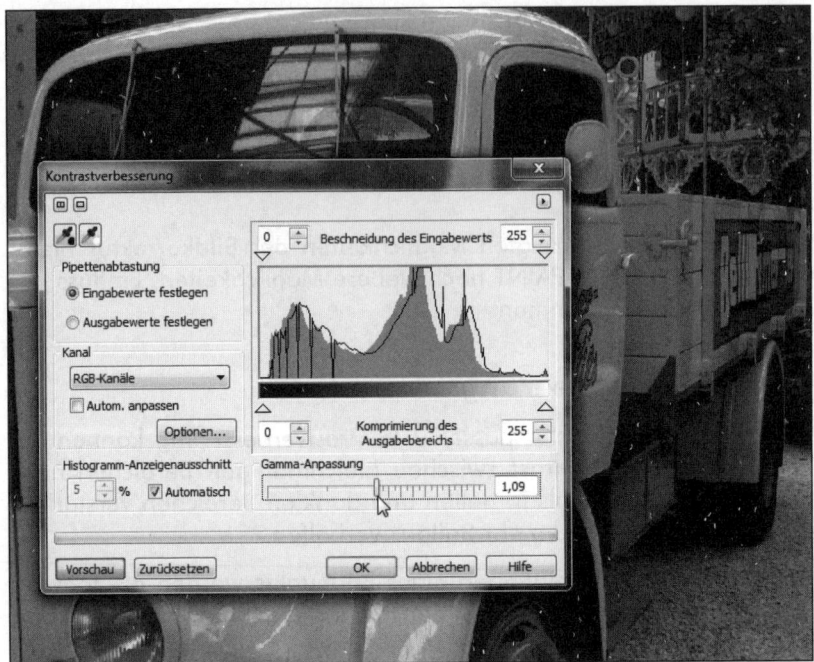

Abb. 3.17: Die Helligkeit des gesamten Bildes anpassen

Wenn Sie dieses Histogramm betrachten, wird Ihnen auffallen, dass auf der linken Seite noch immer sehr wenig Bildpunkte vorhanden sind. In einem solchen Fall ist es oft vorteilhaft, wenn Sie diesen Bereich einfach „abschneiden".

Dazu dienen die beiden Dreiecke über dem Histogramm. Mit diesen können den Eingabewert beschneiden und so eine bessere Verteilung und damit einen besseren Kontrast erhalten.

Ziehen Sie einfach den entsprechenden Regler am oberen Rand des Histogramms in die entsprechende Richtung. Wie Sie sehen, wird dabei der Tonwertberg auseinandergezogen und so die Pixel besser verteilt.

Mit OK übernehmen Sie die Einstellungen.

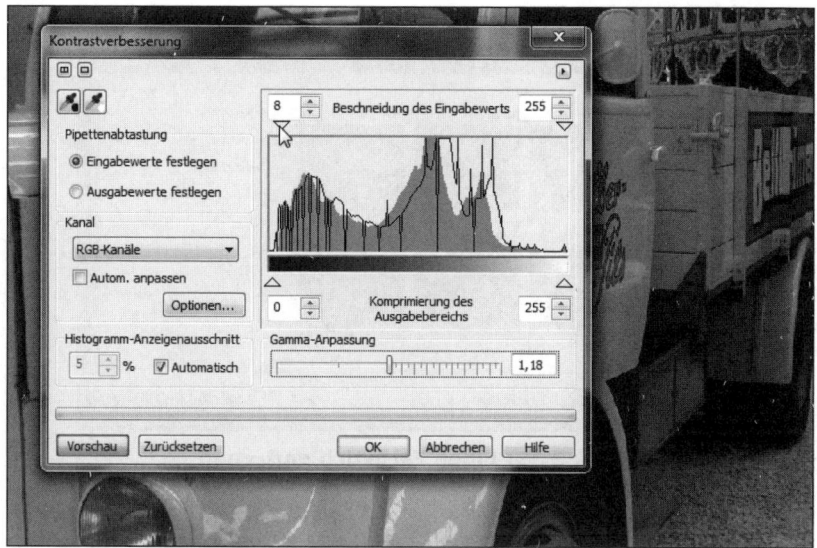

Abb. 3.18: Den Eingabebereich beschneiden

Farbstiche entfernen

Möchten Sie unerwünschte Farbstiche entfernen oder Farben mit zu starker bzw. zu geringer Sättigung korrigieren, müssen Sie für eine ausgewogene Farbbalance des Bildes sorgen.

Über die Befehlsfolge *Anpassen / Farbton* rufen Sie das gleichnamige Dialogfeld auf. Anhand von Vorschaubildern können Sie die Farbwerte des Bildes ändern. Klicken Sie eines der sechs Vorschaufelder und anschließend die Schaltfläche *Vorschau* an, um den Effekt zu sehen.

Haben Sie das gewünschte Ergebnis gefunden, beenden Sie die Einstellung mit einem Klick auf *OK*.

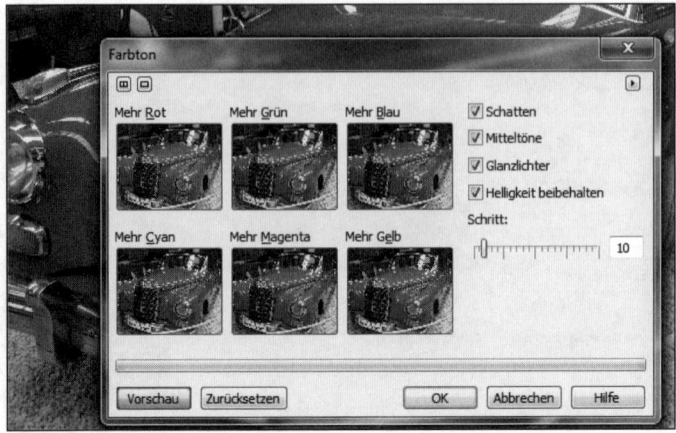

Abb. 3.19: Einen Farbstich entfernen

Schärfen

Was dem Bild jetzt vielleicht noch fehlt, ist die Schärfe. Beim Fotografieren oder Scannen auftretende Unschärfen sind ärgerlich, aber leider oft unvermeidlich.

Man könnte das entsprechende Dialogfeld zwar über die Befehlsfolge *Effekte / Schärfe / Schärfe* aufrufen, aber alle bislang gezeigten Korrekturmöglichkeiten führen zu einer Veränderung des Bildes. Haben Sie beispielsweise eine Änderung vorgenommen und gefällt Ihnen diese später nicht mehr, kann man diese Änderungen nicht mehr zurücknehmen.

Dieses Problem kann man in Corel PHOTO-PAINT mit einer Linse lösen, die es ermöglicht, solche Änderungen problemlos zurückzunehmen.

Die dazu benötigten Einstellungen nehmen Sie im Dialogfeld *Neue Linse* vor, das Sie nach Aufruf der Befehlsfolge *Objekt / Erstellen / Neue Linse* erhalten.

In diesem Dialogfeld können Sie auswählen, welche Änderung Sie vornehmen wollen. Für unser Vorhaben ist *Schärfe* die richtige Wahl.

Mit *OK* übernehmen Sie die Auswahl.

Abb. 3.20: Die gewünschte Linse auswählen

Im folgenden Dialogfeld *Schärfe* nehmen Sie die Einstellungen vor. Konkret können Sie dabei die Ränder im Bild hervorheben, indem unscharfe Bereiche fokussiert und der Kontrast zwischen benachbarten Pixeln erhöht wird.

Ziehen Sie dabei die Regler nicht zu weit vom Ursprung weg. Oftmals genügen schon geringe Veränderungen der Werte, um ein passables Ergebnis zu erzielen.

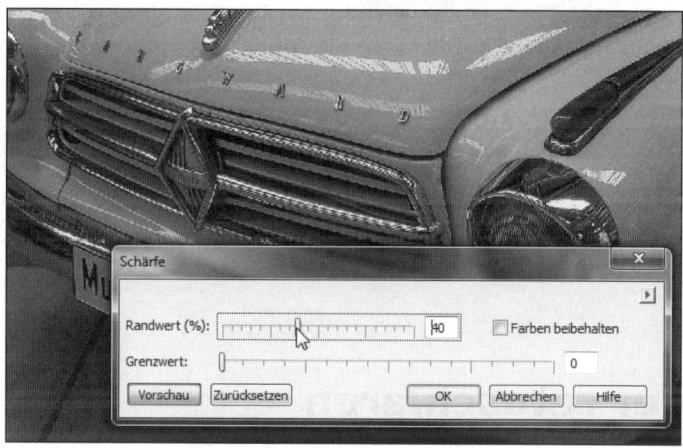

Abb. 3.21: Die Schärfe regeln

Bildbearbeitung mit Corel PHOTO-PAINT

Mit OK übernehmen Sie das Ergebnis.

Das Bild dürfte nun schärfer sein. Der Vorteil wird jedoch erst deutlich, wenn Sie einen Blick in das Andockfenster *Objekte* werfen. Dort gibt es einen neuen Eintrag.

Wenn Sie dieses Objekt durch einen Klick auf das Augensymbol ausblenden, sehen Sie wieder das ursprüngliche Bild und erkennen so gewiss den Vorteil. Die beiden Varianten liegen wie Karten auf dem Tisch und man kann so den Vorher-Nachher-Effekt wunderbar erkennen, da die ursprünglichen Bilddaten nicht dauerhaft verändert werden.

Abb. 3.22: Die Linse ein- oder ausblenden

TIPP

Möchten Sie die Einstellungen weiter verändern, etwa die Schärfe nachregulieren, genügt ein Doppelklick auf das Objekt, um das Einstellfenster wieder zu öffnen.

Bilder retuschieren

Manchmal enthalten Bilder störende Elemente, die man am liebsten entfernen würde. Unmöglich denken Sie? Corel PHOTO-PAINT hält für solche Zwecke ein paar Werkzeuge parat, mit denen Sie die gewünschten Korrekturen durchführen können.

Bevor es losgeht, sollten Sie ein paar Vorbereitungen treffen.

Zunächst gilt es, das Bild nicht dauerhaft zu verändern, sondern es soll die Möglichkeit des späteren Änderns offengehalten werden.

Erweitern Sie dazu das Andockfenster *Objekte*, sofern es nicht vollständig geöffnet ist.

Ganz unten in diesem Fenster finden Sie auf der linken Seite das Symbol zum Erstellen eines neuen Objekts.

Abb. 3.23: Ein neues Objekt anlegen

Nach dem Klicken auf dieses Symbol sehen Sie über dem Vorschaubild des Hintergrunds ein neues, allerdings noch leeres Vorschaubild. Das ist das neue Objekt.

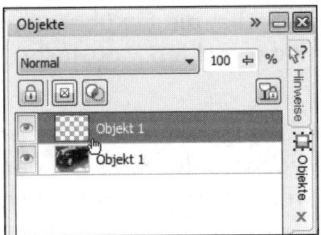

Abb. 3.24: Das neue Objekt

Für das weitere Arbeiten achte Sie darauf, dass das Objekt rot markiert, also aktiv ist.

Jetzt können Sie sich an die eigentliche Entfernung des störenden Elements machen. Im konkreten Beispiel ist das eine Scherzhand, die den Gesamteindruck stört.

Bildbearbeitung mit Corel PHOTO-PAINT

An die Stelle, an der sich dieses Element befindet, werden Sie aus dem Bild andere Elemente kopieren, man spricht auch von klonen. Deshalb benötigen Sie das Hilfsmittel *Klonen*. Sie finden es im Flyoutmenü des Hilfsmittels *Rote Augen entfernen*.

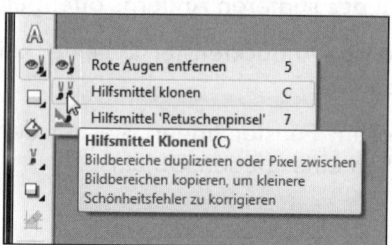

Abb. 3.25: Dieses Werkzeug benötigen Sie

Nachdem Sie es ausgewählt haben, ist es sinnvoll, das Werkzeug für den geplanten Einsatz anzupassen. Diese Einstellungen nehmen Sie in der Eigenschaftsleiste vor. Fürs Erste können Sie es bei der Einstellung *Standard-Klon* belassen, sollten aber gegebenenfalls die Größe anpassen.

Bewegen Sie dann den Mauszeiger auf das Bild. Zunächst sehen Sie einen Kreis.

Bewegen Sie ihn an die Stelle, die Sie übernehmen wollen, und klikken Sie dort einmal mit der rechten Maustaste. Nun taucht ein Kreuz in dem Kreis auf.

Wenn Sie nun den Mauszeiger zu der Stelle bewegen, die Sie entfernen wollen, sehen Sie, dass der Kreis mit dem Kreuz an der Stelle stehen bleibt. Damit wird der sogenannte Ursprungspunkt gekennzeichnet.

Bewegen Sie nun den leeren Kreis mit gedrückter linker Maustaste über die Stelle, die Sie entfernen wollen.

Dadurch wird Stück für Stück die überstrichene Stelle mit dem Ursprungspunkt übermalt. Sie kopieren folglich an dieser Stelle einen Bereich eines Bildes an einen anderen (siehe Abbildung 3.26).

Auf diese Weise können Sie nun die störenden Elemente entfernen. Dabei ist es ratsam, ab und an den Ursprungspunkt zu ändern und die Pinselgröße und -stärke anzupassen (siehe Abbildung 3.27).

Abb. 3.26: Und schon verschwindet die Hand

Abb. 3.27: Der Vorher-Nachher-Effekt

Bildbearbeitung mit Corel PHOTO-PAINT

> **TIPP**
>
> Das vorgestellte Verfahren können Sie auch zur Beseitigung von Staub und Kratzern auf Ihren Bildern einsetzen. Ferner lassen sich im Umkehrschluss auch Elemente von einer Stelle an eine andere Stelle kopieren. Beispielsweise hätte man die Hand im obigen Beispiel auch an eine andere Stelle duplizieren können.

Fotomontagen

Man kann nicht nur Dinge verschwinden lassen, man kann auch in ein vorhandenes Bild Elemente aus anderen Bildern so einpassen, dass es hinterher gar nicht auffällt, dass es sich hier um eine Fotomontage handelt.

Im Folgenden soll ein Objekt von einem Bild in ein anderes Bild eingebaut werden.

Freistellungsaktionen

Zunächst müssen Sie allerdings lernen, wie man bestimmte Bildbereiche freistellt. Dabei werden Ausschnitte des Bildes isoliert, um sie besser bearbeiten zu können. Man spricht in diesem Zusammenhang auch von „maskieren". Effekte, weshalb die entsprechenden Werkzeuge auch *Masken* heißen. Ein derart ausgewählter Bereich wird entweder durch eine gepunktete Auswahlbegrenzung gekennzeichnet oder die außerhalb liegende Bereiche werden mit roter Farbe abgedeckt. Der so ausgewählte Bereich kann anschließend kopiert und woanders wieder eingesetzt werden. Der Bereich außerhalb der Auswahlbegrenzung ist zudem beim Verschieben, Kopieren, Malen oder Anwenden von Spezialeffekten im ausgewählten Bereich geschützt.

Sehr oft variieren die Formen der zu maskierenden Bereiche sehr stark. So finden Sie einfache rechteckige Formen wie die eines Briefkastens oder komplexe Formen wie die von Tieren oder Menschen.

Deshalb gibt es eine Reihe von Funktionen, die Ihnen Corel PHOTO-PAINT für das Maskieren zur Verfügung stellt.

Diese finden Sie im Flyoutmenü des Hilfsmittels *Rechteckmaske*.

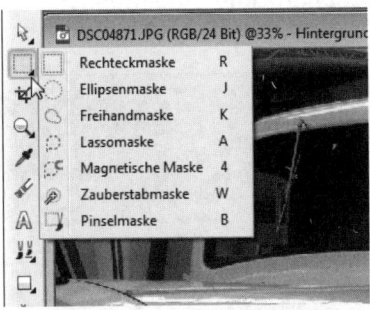

Abb. 3.28: Alle Freistellungswerkzeuge auf einen Streich

TIPP

Seien Sie aber nicht enttäuscht, wenn sich nach den ersten Erfolgen ein bisschen Frust einstellt. Trotz der Vielfalt der Funktionen der Maskierungswerkzeuge ist gerade bei komplexeren Formen die Kombination mehrerer Werkzeuge und eine Menge Geduld erforderlich. Nehmen Sie für Ihre ersten Versuche möglichst ein Objekt, das auf einem einfarbigen Hintergrund steht. Das Maskieren erfordert eine gewisse Übung und Sie sollten sich langsam an schwierige Arbeiten, wie etwa das Entfernen von Menschen aus einer Gruppe, heranwagen.

Rechteckmaske und Ellipsenmaske

Geometrische Ausschnitte können Sie recht einfach erzeugen. Dazu stehen die Auswahlwerkzeuge *Rechteckmaske* und *Ellipsenmaske* bereit.

Wählen Sie das Werkzeug aus und klicken Sie in die Bilddatei, um die linke obere Ecke des rechtwinkligen Ausschnitts festzulegen. Halten

Sie die Maustaste gedrückt und bewegen Sie die Maus in diagonaler Richtung. Empfehlenswert ist es, diesen Vorgang von oben nach unten vorzunehmen. Sie können ihn aber in jede Richtung ausführen.

Nun sehen Sie einen rechteckigen Bildausschnitt, der von einer sich bewegenden gestrichelten Linie umgeben ist.

Abb. 3.29: Eine Maske mit Maskenüberlagerung

Wenn Sie die betreffende Stelle besser darstellen wollen, sollten Sie einen Masken-Markierungsrahmen verwenden. Diesen können Sie über die Befehlsfolge *Maske / Maskenüberlagerung* einblenden (siehe Abbildung 3.30).

Alle Bereiche außerhalb des erstellten Auswahlrahmens werden mit roter Farbe abgedeckt. Dieser Bereich wird *Maskenüberlagerung* genannt. Solche Bereiche werden wie Abdeckplanen über geschützte Bereiche gelegt, damit man leichter zwischen geschützten und bearbeitbaren Bereichen unterscheiden kann.

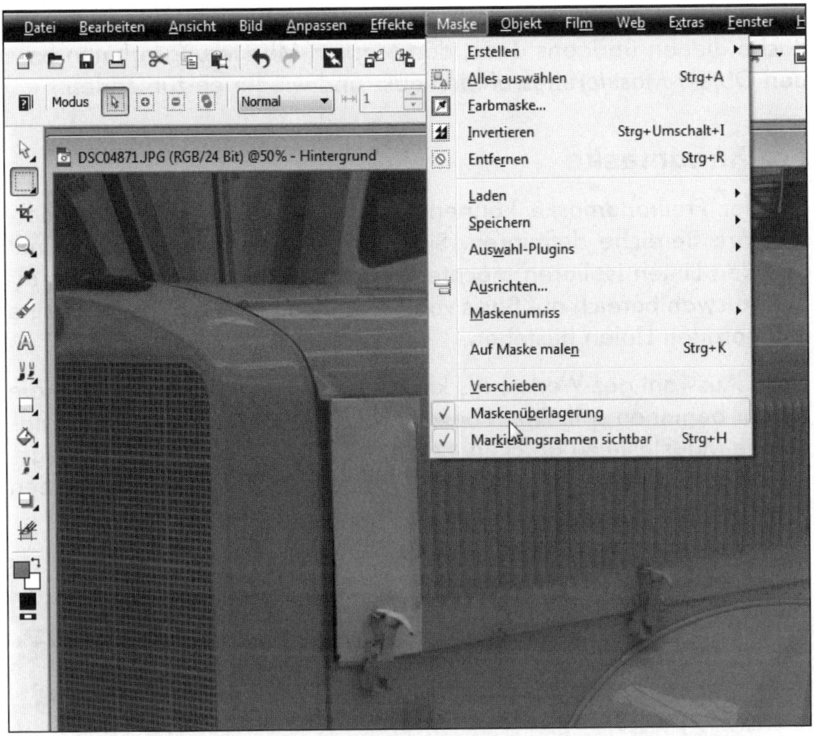

Abb. 3.30: Arbeiten mit einen Masken-Markierungsrahmen (bereits angewendet)

Eine Maske, die Sie nicht mehr benötigen, entfernen Sie mit einem Klick auf die Schaltfläche *Maske entfernen*.

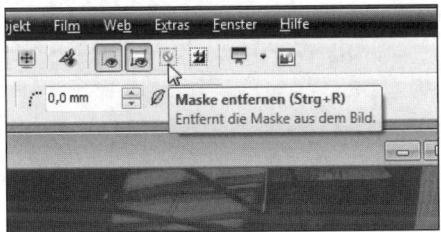

Abb. 3.31: Eine Maske entfernen

Die beiden Schaltflächen links neben der eben angeklickten Schaltfläche dienen übrigens dazu, den *Masken-Maskierungsrahmen* bzw. den *Objekt-Maskierungsrahmen* aus- und wieder einzublenden.

Freihandmaske

Mit der *Freihandmaske* können Sie unregelmäßig geformte bearbeitbare Bereiche definieren. Sie ist ideal, wenn man Objekte mit geraden Linien isolieren möchte. Dabei erstellt dieses Werkzeug einen Auswahlbereich auf Basis von Polygonzügen, die aus einer Reihe von geraden Linien bestehen.

Nach Auswahl des Werkzeugs klickt man an dem Punkt, an dem die Kontur beginnen soll. Dann bewegt man den Mauszeiger – ohne dabei die Maustaste zu drücken – an den Punkt, an dem ein Richtungswechsel stattfinden soll, und klickt dort erneut. Zwischen den beiden Punkten (den Mausklicks) erscheint nun eine Linie.

Abb. 3.32: **Die Freihandmaske in Aktion**

Danach wiederholt man diese Schritte so lange, bis der entsprechende Bildbereich völlig eingerahmt ist. Um die Auswahl zu schließen, bewegt man die Maus in die Nähe des Startpunkts und klickt dort, um den Auswahlrahmen zu vollenden.

Lassomaske

Weitaus häufiger als mit geometrischen Formen dürften Sie es mit unterschiedlich geformten Bildmotiven zu tun haben. Mit dem Lasso haben früher die Cowboys ihre Rinder eingefangen. Heutzutage bändigt man damit Objekte. Da das Maskieren solcher Bildelemente aufwendiger ist, stellt Corel PHOTO-PAINT die Lassomaske zur Verfügung.

Nachdem Sie das Werkzeug ausgewählt haben, nimmt der Mauszeiger die Form eines Lassos an. Klicken Sie auf den Bildbereich, in dem die Kontur beginnen soll. Halten Sie die linke Maustaste gedrückt und zeichnen Sie langsam den gesamten Umriss des freizustellenden Objekts nach.

Abb. 3.33: Arbeiten mit der Lassomaske

Wenn Sie den Startpunkt wieder erreicht haben, lassen Sie die Maustaste los. Der Endpunkt wird daraufhin mit dem Startpunkt verbunden und die Auswahl somit geschlossen.

> **TIPP**
>
> Das Arbeiten mit diesem Werkzeug erfordert eine ruhige Hand und ein wenig Übung, aber dann werden Sie dieses Werkzeug lieben.

Magnetische Maske

Noch etwas komfortabler geht es mit dem Hilfsmittel *Magnetische Maske*. Mit diesem Werkzeug legen Sie einen Startpunkt fest und führen es an der Kontur entlang. Dabei ermittelt das Werkzeug automatisch den Verlauf der Kontur anhand der auftretenden Kontrastunterschiede, sodass dieses Werkzeug immer dann erste Wahl ist, wenn sich das freizustellende Objekt vom übrigen Motiv abhebt.

Dieses Werkzeug ermittelt die Kontrastunterschiede und ist deshalb ideal, wenn Sie ein Objekt maskieren wollen, das sich farblich von der Umgebung abhebt.

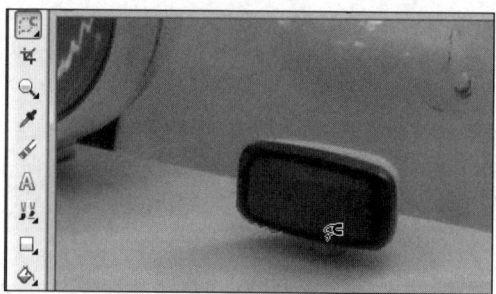

Abb. 3.34: Ideal bei farblich abgesetzten Objekten

Zauberstabmaske

Eine Variante der beliebig geformten Bildausschnitte, die sehr häufig anzutreffen ist, sind äußerst komplexe Bereiche, die eine gleiche oder ähnliche Farbe aufweisen. Diese Bereiche lassen sich am besten mit dem Hilfsmittel *Zauberstabmaske* einfangen. So können Sie mit einem einzigen Klick auf einen bestimmten Bildpunkt ähnliche Bildpunkte auswählen, die dann den Bereich definieren. Das Werkzeug orientiert sich dabei an den Helligkeitswerten der einzelnen Pixel und sollte deshalb zuvor auf die jeweiligen Bedürfnisse eingestellt werden.

Wenn Sie das Werkzeug ausgewählt haben, sollten Sie zunächst in der Eigenschaftsleiste die *Toleranz* prüfen. In diesem Feld (Corel PHOTO-PAINT gibt standardmäßig den Wert 10 vor) legen Sie einen Wert zwischen 0 und 100 fest und bestimmen so den Wertebereich der Farben, die ebenfalls in die Auswahl mit aufgenommen werden. Je kleiner der hier eingestellte Wert, desto größer ist die Farbähnlichkeit.

Anschließend führen Sie einen Klick auf einen Bereich aus und Corel PHOTO-PAINT maskiert alle ähnlichen Pixel innerhalb der eingestellten Toleranzschwelle.

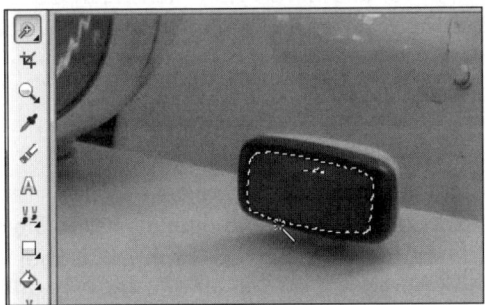

Abb. 3.35: Fängt ähnliche Bildpunkte ein

Haben Sie diese Toleranz nicht hoch genug eingestellt, verbleiben freie Bereiche. Sie müssen jedoch nicht von vorn beginnen, da Sie lediglich den *Modus* verändern müssen.

Hierzu finden Sie in der Eigenschaftsleiste zwei wichtige Schaltflächen: *Additiver Modus* und *Subtraktiver Modus*.

Nachdem Sie beispielsweise den additiven Modus eingeschaltet haben, klicken Sie mit der *Zauberstabmaske* auf die noch nicht ausgewählten Bereiche. Diese werden daraufhin den bis dahin ausgewählten hinzugefügt.

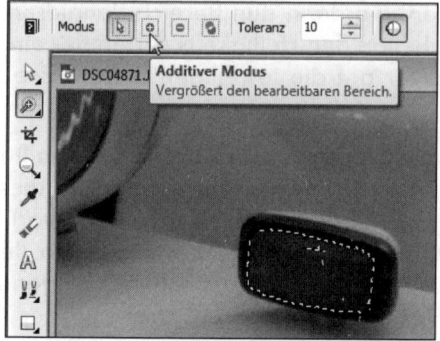

Abb. 3.36: Den additiven Modus einschalten

> **TIPP**
>
> Die beiden Modi funktionieren natürlich auch bei den anderen Maskenwerkzeugungen und werden Ihnen das Arbeiten ungemein erleichtern.

Pinselmaske

Die *Pinselmaske* arbeitet ähnlich wie ein Pinsel und Sie müssen lediglich die zu maskierenden Flächen nachfahren. Dabei kann man mit der Maus wie mit einem Pinsel schwingen und so sehr komfortabel arbeiten.

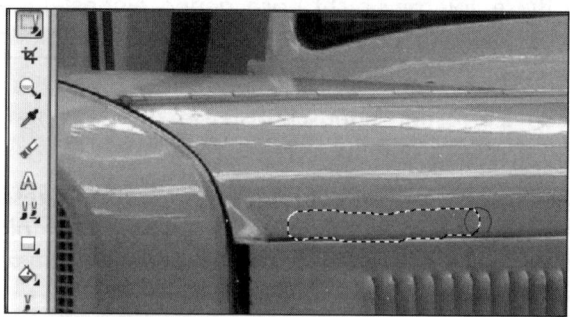

Abb. 3.37: Erlaubt recht harmonisches Maskieren

Über die Optionen der Eigenschaftsleiste können Sie den Pinsel nach den jeweiligen Erfordernissen anpassen.

Collagen leicht gemacht

Nachdem Sie mit den Freistellungswerkzeugen vertraut sind, kann es an die Collage gehen.

Im Folgenden soll ein Oldtimer in ein anderes Foto platziert werden, damit das gesamte Bild etwas interessanter wird.

Öffnen Sie zunächst das Bild, in das das Bildelement gesetzt werden soll, und minimieren Sie es, sodass Sie jederzeit darauf zugreifen können.

Objekt maskieren und kopieren

Danach öffnen Sie das Bild, das das Objekt enthält, das Sie in das andere platzieren wollen.

Maskieren Sie anschließend das Objekt mit den Ihnen mittlerweile bekannten Maskierungswerkzeugen.

Wechseln Sie hier ruhig mit den Werkzeugen ab und achten Sie darauf, dass Sie den additiven Modus eingeschaltet haben, damit Sie nicht von vorn beginnen müssen, wenn Sie zu einem anderen Werkzeug greifen.

> **TIPP**
>
> Wenn Sie die Maske auf Dauer erhalten möchten, bietet Ihnen Corel PHOTO-PAINT die Möglichkeit, sie zu speichern. Rufen Sie die Befehlsfolge *Maske / Speichern / Maske auf Datenträger speichern* auf und speichern Sie die Maske als Datei ab. Zu einem späteren Zeitpunkt können Sie diese Maske dann über die Befehlsfolge *Maske / Laden / Von Datenträger laden* wiederherstellen.

Sind Sie fertig, können Sie das freigestellte Objekt mühelos in die Zwischenablage kopieren, z.B. durch Drücken von [Strg] + [C].

Abb. 3.38: Das Objekt freistellen

Objekt platzieren und anordnen

Wechseln Sie zu dem Fenster, in das Sie das Objekt einfügen wollen. Dort drücken Sie [Strg] + [V], um dort den Inhalt der Zwischenablage einzufügen.

Das Objekt wird augenblicklich platziert.

Wenn – wie im Beispielsfall – die Proportionen noch nicht stimmen, können Sie das leicht ändern. Klicken Sie auf das Hilfsmittel *Objektauswahl*. Das eingefügte Objekt wird daraufhin von einem Rahmen mit Anfassgriffen umgeben. Zeigen Sie auf einen der Eckanfassgriffe und ziehen Sie das eingefügte Objekt so lange diagonal nach innen, bis Ihnen die Größe zusagt.

Abb. 3.39: Das in das andere Bild eingefügte Objekt

Wenn Sie das Hilfsmittel *Objektauswahl* innerhalb des eingefügten Objekts bewegen, können Sie es mit gedrückter Maustaste an jede gewünschte Stelle verschieben.

Texteffekte

Mit Corel PHOTO-PAINT lassen sich wunderbare Fotoschriftzüge gestalten. Im Folgenden werden Sie sehen, wie man einen Schriftzug mit einem Foto für den Internetauftritt gestalten kann.

Der Schriftzug

Als Erstes müssen Sie das Dokument mit dem Schriftzug erstellen.

Wählen Sie *Datei / Neu* und geben Sie dem Dokument eine *Breite* von *80 mm* und eine *Höhe* von *20 mm*. Die Auflösung legen Sie auf *300 dpi* fest.

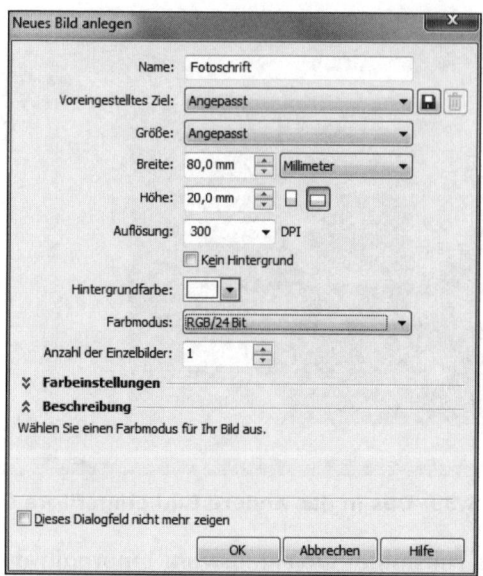

Abb. 3.40: Die Größe des neuen Bildes einstellen

Aktivieren Sie das Hilfsmittel *Text*. Anschließend stellen Sie die Schrift *Clarendon Blk BT* ein und legen die Größe auf *32 pt* fest. Geben Sie dann den Schriftzug ein und ziehen Sie dieses grafische Textobjekt mit dem Hilfsmittel *Auswahl* in die Höhe.

Rufen Sie die Befehlsfolge *Objekt / Anordnen / Ausrichten und Verteilen* auf und richten Sie den Schriftzug aus.

Abb. 3.41: Den Schriftzug ausrichten

Das Foto

Nun kommt das Foto ins Spiel. Öffnen Sie das Bild, das Sie verwenden möchten.

Rufen Sie die Befehlsfolge *Maske / Alles auswählen* auf, um das gesamte Bild zu markieren. Möchten Sie nur einen bestimmten Ausschnitt übernehmen, müssen Sie diesen zunächst mit einem der bekannten Hilfsmittel maskieren.

Abb. 3.42: Einen Ausschnitt maskieren

Drücken Sie dann [Strg] + [C], um die Maske in die Zwischenablage zu übernehmen.

Wechseln Sie zu dem Schriftzug und fügen den Inhalt der Zwischenablage mit [Strg] + [V] ein.

Markieren Sie dann die Textebene und rufen Sie die Befehlsfolge *Maske / Erstellen / Maske aus Objekt(en)* auf.

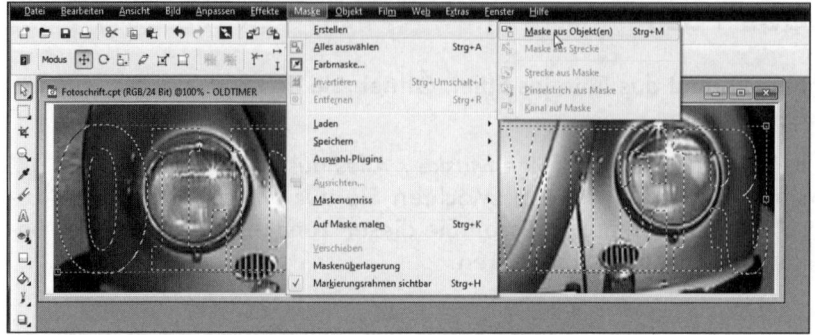

Abb. 3.43: Von dem Text eine Maske erstellen

Dadurch wird eine Maske aus den Objekten erstellt.

Nun wechseln Sie im Andockfenster *Objekte* zu dem Objekt des importierten Bildes und rufen von dort die Befehlsfolge *Objekt / Zuschneidemaske / Erstellen / Aus Maske* auf.

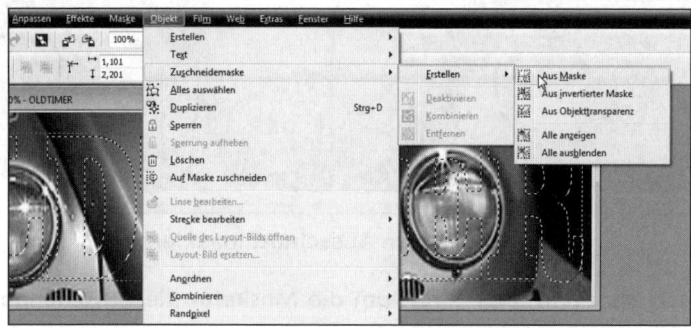

Abb. 3.44: Die Zuschneidemaske anlegen

Nachdem Sie das getan haben, sehen Sie nur das Foto in dem Schriftzug.

Abb. 3.45: Das Foto wird durch den Schriftzug geblendet

Schrift mit Pep

Der Schriftzug soll in einer zweiten Variante etwas aufgepeppt werden.

Speichern Sie die Datei aus dem vorherigen Abschnitt unter einer anderen Bezeichnung ab.

Klicken Sie dann im Andockfenster *Objekte* auf das Foto und erzeugen Sie mit [Strg] + [D] ein Duplikat.

Klicken Sie zwischen die beiden Vorschaubilder und aktivieren Sie das Pluszeichen, um die Verbindung zwischen Maske und Foto wiederherzustellen.

Rufen Sie dann die Befehlsfolge *Objekt / Zuschneidemaske / Entfernen* auf, sodass nur das Foto übrig bleibt.

Abb. 3.46: Die Zuschneidemaske wurde entfernt

Verschieben Sie dann das Objekt unter die anderen Objekte. Dazu müssen Sie lediglich mit der Maus darauf zeigen und es mit gedrückter Maustaste an die neue Position ziehen.

Nun muss der Schriftzug maskiert werden. Verwenden Sie dazu das Hilfsmittel *Zauberstab* mit dem subtraktiven Modus. So genügt es nämlich, auf den Hintergrund zu klicken, um nur die Schriftzüge zu maskieren.

Abb. 3.47: Mit dem Zauberstab im subtraktiven Modus maskieren

Rufen Sie dann die Befehlsfolge *Maske / Maskenumriss / Rand* auf.

Im folgenden Dialogfeld *Rand* stellen Sie die Breite auf 2 und im Listenfeld *Ränder* den Wert *Hart* ein.

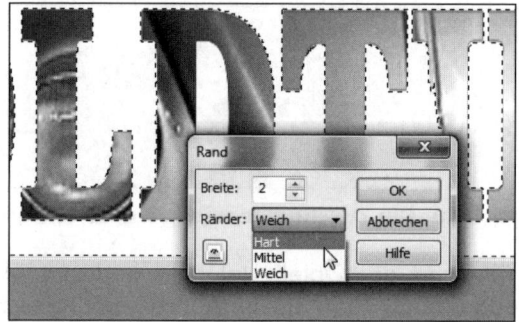

Abb. 3.48: Den Maskenrand erweitern

Nachdem Sie mit OK abgeschlossen haben, muss dieser Rand nur noch gefärbt werden. Das geht über das Dialogfeld *Füllung und Transparenz bearbeiten*, das Sie durch die Befehlsfolge *Bearbeiten / Füllung* erhalten.

Aktivieren Sie hier die Option *Hintergrundfarbe* (im Beispiel wird davon ausgegangen, dass Sie nichts verändert haben und die Hintergrundfarbe Weiß ist).

Abb. 3.49: Die Randmaske füllen

Wenn Sie anschließend mit OK bestätigen, hebt sich der Schriftzug durch die weiße Randkontur deutlich vom Foto ab.

Abb. 3.50: Ein Schriftzug mit Pep

Bildbearbeitung mit Corel PHOTO-PAINT

4 Publikationen mit CorelDRAW

Ziel

⇨ Mit CorelDRAW eigene Publikationen erstellen

Schritte zum Erfolg

⇨ Eine kleine Zeitschrift erstellen
⇨ Nötige Vorarbeiten erledigen
⇨ Gestalten des Titels und der Titelseite
⇨ Stilelemente für die Folgeseiten anlegen
⇨ Texte platzieren und bearbeiten
⇨ Interaktive Hilfsmittel einsetzen
⇨ Die Publikation veröffentlichen

Haben Sie schon mal daran gedacht, eine kleine Zeitschrift etwa für einen Geburts- oder sonstigen Festtag oder Ihren Verein zu entwerfen und es erschien Ihnen zu schwierig? Dann sollten Sie das einmal mit CorelDRAW probieren. Sie werden überrascht sein, wie einfach es ist, eine pfiffige kleine Zeitschrift zu gestalten.

Vorarbeiten

Zunächst müssen Sie einige Grundeinstellungen vornehmen, bevor Sie mit dem eigentlichen Gestalten anfangen können. Allerdings können Sie fast alle erforderlichen Schritte in einem Rutsch erledigen, da sie alle über dasselbe Menü aufgerufen werden.

Nachdem Sie eine neue Datei angelegt haben, speichern Sie diese Datei unter dem Namen Old-Timer ab.

Dann rufen Sie über den Befehl *Layout / Seite einrichten* das erforderliche Dialogfeld auf.

Die benötigten beiden Einstellungen finden Sie als Unterpunkte in der Kategorie *Seite*, die wiederum ein Unterpunkt der Kategorie *Dokument* ist. Klicken Sie gegebenenfalls auf das Pluszeichen, um die darunter befindlichen Punkte einzublenden.

Markieren Sie als Nächstes die Kategorie *Layout*, um auf die verschiedenen Layoutstile zugreifen zu können.

Wenn Sie auf den Listenpfeil des Feldes Layout klicken, finden Sie eine Liste mit den möglichen Grundstilen.

TIPP

Sie könnten an dieser Stelle auch die Grundeinstellungen für einen Flyer vornehmen, wenn Sie sich für den Eintrag *Parallelfalz* entscheiden würden.

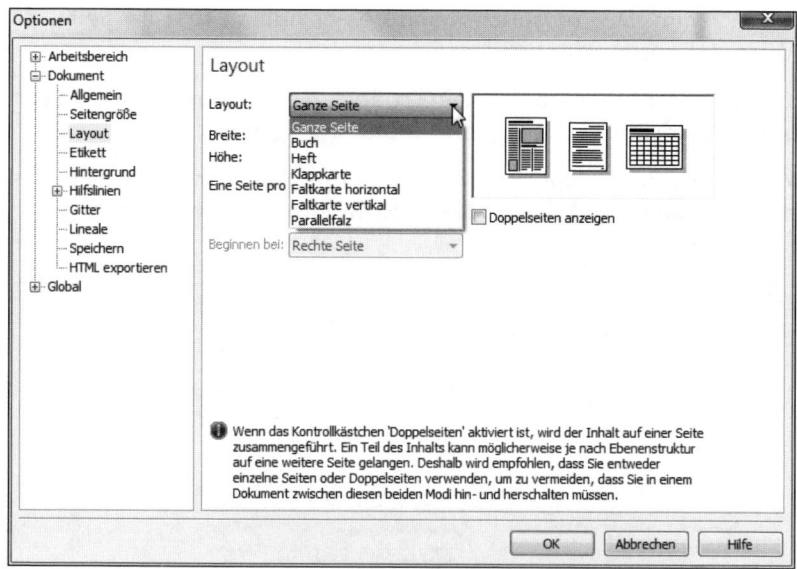

Abb. 4.1: Das grundlegende Layout festlegen

Für unser Vorhaben wählen Sie den Eintrag *Heft*. Gleich darauf sehen Sie in dem Vorschaufenster die Auswirkung Ihrer Wahl.

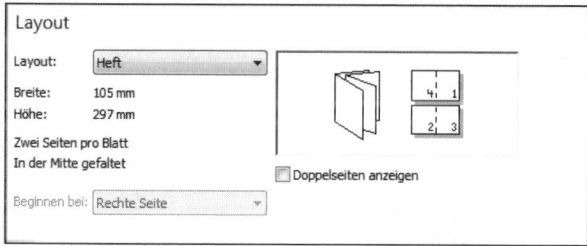

Abb. 4.2: Das Layout für die Broschüre

Im nächsten Schritt müssen Sie sich überlegen, wie und wo Sie Ihre Zeitschrift ausdrucken lassen wollen. Im vorliegenden Fall verwenden wir die preisgünstigste Variante, indem Sie sie auf einem handelsüblichen Laserdrucker ausgeben werden. Dieser kann aber lediglich Papier der Größe DIN A4 verarbeiten. Wie Sie dem Vorschaufenster für die Einstellungen des Hefts entnehmen können, hat eine Seite des Hefts gegenwärtig eine Breite von 105 mm und einer Höhe von 297 mm. Das entspricht genau einer halben DIN-A4-Seite, die horizontal ausgerichtet ist.

Für die Broschüre wäre das kein schönes Maß, sodass Sie als Nächstes die Ausrichtung des Papiers verändern sollten.

Wählen Sie die Kategorie *Seitengröße* aus. Im oberen Bereich müssen Sie lediglich auf die Schaltfläche *Querformat* aktivieren.

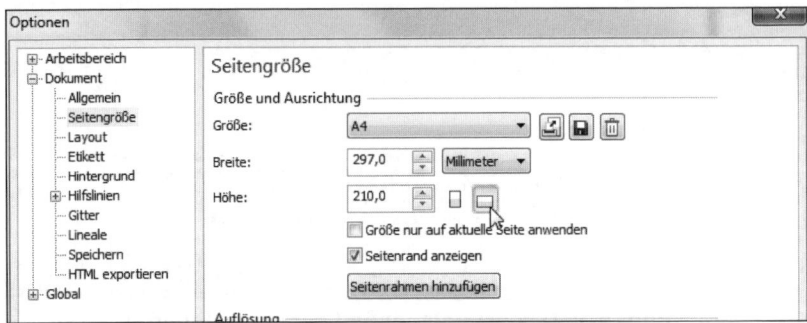

Abb. 4.3: Legen Sie das Querformat fest

Wenn Sie jetzt noch einmal zur Kategorie *Layout* wechseln, sehen Sie die richtigen Maße für die Broschüre.

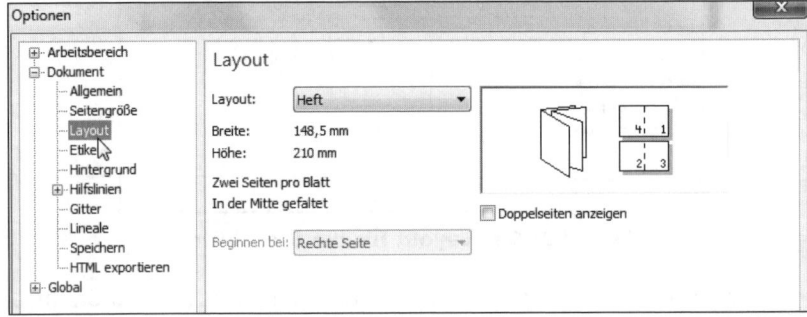

Abb. 4.4: Jetzt passt es!

Wie Sie sehen, erhalten Sie auf der rechten Seite eine Faltanleitung für die spätere Karte. Diese Gelegenheit sollten Sie gleich nutzen und zu einem leeren Blatt Papier greifen. Falten Sie es entsprechend der Anweisung und beschriften Sie anschließend gemäß der Abbildung die Seiten mit *1, 2, 3* und *4*. Sie erhalten so ein schönes Faltmuster, das man auch Scribble nennt und mit dem das Erstellen einer Broschüre wesentlich visueller vonstattengeht.

Was jetzt noch fehlt, ist das Grundraster der Zeitschrift. Fast alle Zeitschriften verfügen über einen grundlegenden Aufbau, dem die Texte angepasst werden. Unser Beispiel verwendet einen zweispaltigen Aufbau, da dieser im Hinblick auf die Lesefreundlichkeit den besten Kompromiss zwischen Größe des Papiers und den meisten Layoutwünschen ergibt.

Dieses Grundraster wird mithilfe von Hilfslinien festgelegt. Da alle Seiten über einen einheitlichen Aufbau verfügen sollen, werden diese Einstellungen in den Voreinstellungen der Hilfslinien geändert.

Klicken Sie deshalb auf das Pluszeichen vor *Hilfslinien* und markieren Sie dann den Unterpunkt *Voreinstellungen.*

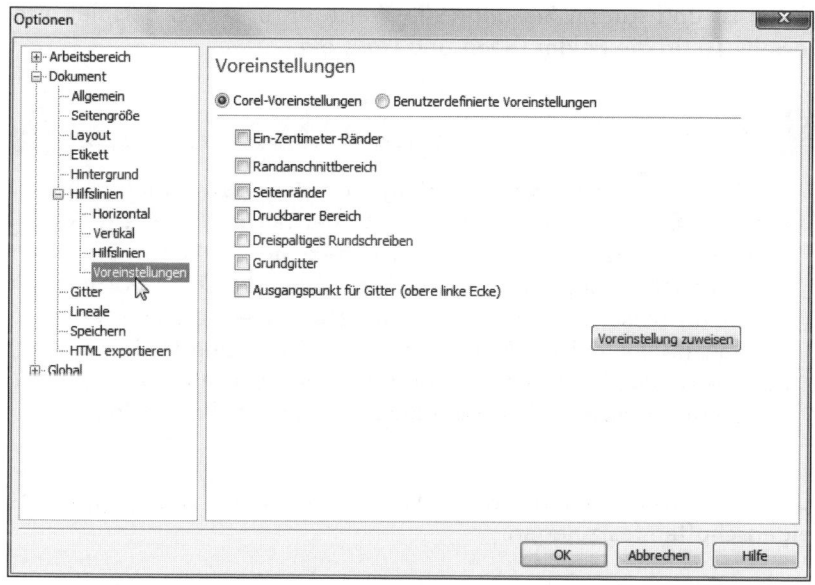

Abb. 4.5: Zu den Voreinstellungen der Hilfslinien wechseln

Da hier von den *Corel-Voreinstellungen* abgewichen wird, aktivieren Sie zunächst die Option *Benutzerdefinierte Voreinstellungen*. Daraufhin ändert sich das Aussehen der darunter liegenden Optionen.

Aktivieren Sie als Erstes das Kontrollkästchen *Ränder*, um die Ränder der Seite festzulegen.

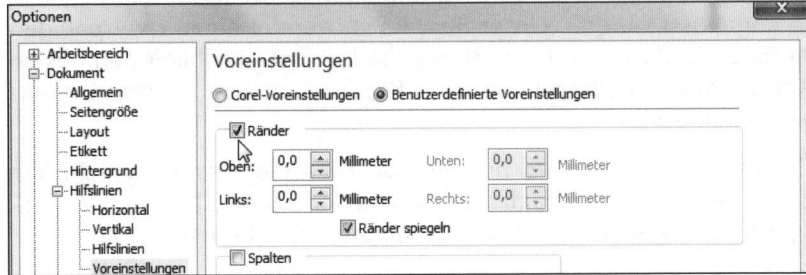

Abb. 4.6: Die Ränder festlegen

Achten Sie darauf, dass das Kontrollkästchen *Ränder spiegeln* aktiviert ist und tragen Sie dann die Werte, in unserem Beispiel also jeweils *10*, in die Felder *Oben* und *Links* ein.

TIPP

Die Wahl des Druckbereichs hängt von dem verwendeten Drucker ab. Schauen Sie deshalb zur Sicherheit in Ihrem Druckerhandbuch nach, welche Ränder Sie beachten müssen. Die unterschiedlichen Angaben rühren daher, weil die Druckwalze das Papier an diesem Rand erfassen muss und die Hersteller unterschiedliche Techniken dazu verwenden. Im Regelfall dürfte ein Rand von jeweils 10 mm ausreichend sein. Deshalb verwenden Sie zunächst diesen Wert und korrigieren ihn im Bedarfsfall.

Danach aktivieren Sie das Kontrollkästchen Spalten, um die Spalteneigenschaften festzulegen.

Übernehmen Sie im Feld *Anz. der Spalten* die Vorgabe 2, da die Zeitschrift zweispaltig angelegt werden soll.

Um den Text lesbarer zu gestalten, sollten die beiden Spalten allerdings einen größeren Abstand voneinander haben. Empfehlenswert ist ein Abstand von 5 mm, den Sie in das Feld *Abstand* eintragen bzw. über die Pfeile am rechten Rand einstellen.

Wenn Sie alle Eingaben gemacht haben, klicken Sie abschließend auf die Schaltfläche *Voreinstellung zuweisen*, um die angegebenen Einstellungen zu übernehmen.

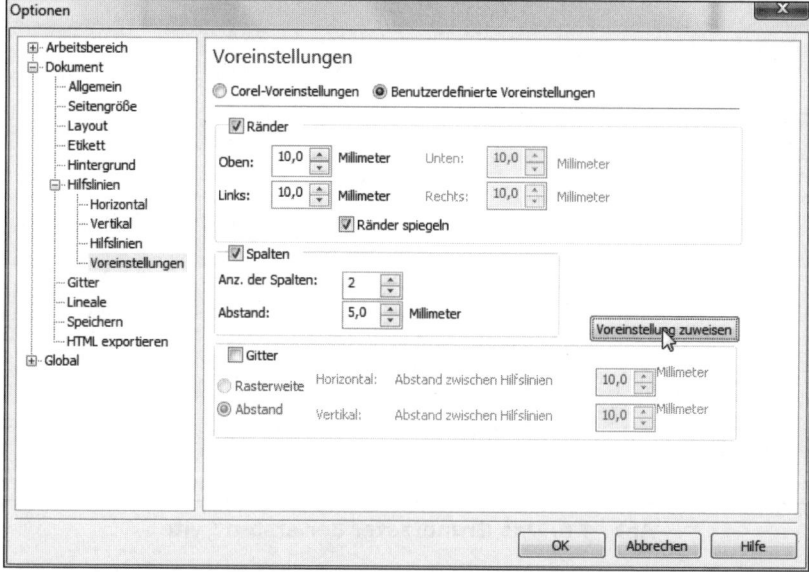

Abb. 4.7: Die Voreinstellungen der Ränder und Spalten anpassen

Damit sind alle erforderlichen Voreinstellungen getätigt und Sie können das Dialogfeld über die *OK*-Schaltfläche verlassen.

Auf Ihrem Bildschirm müsste sich die Situation jetzt wie in der folgenden Abbildung zu sehen darstellen:

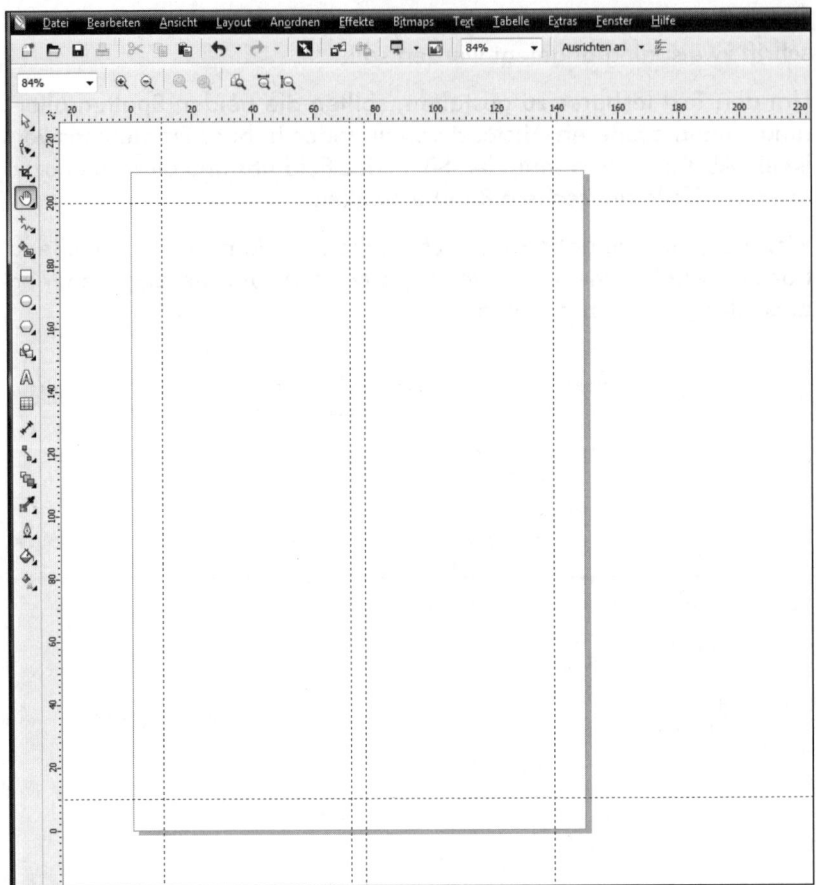

Abb. 4.8: Das Grundraster der ersten Seite

Um die Hilfslinien vor unbeabsichtigten Veränderungen zu schützen, sollten Sie sie noch sperren. Dazu müssen Sie sie jeweils einzeln anklicken und einen weiteren Klick auf das Schlosssymbol in der Eigenschaftsleiste setzen.

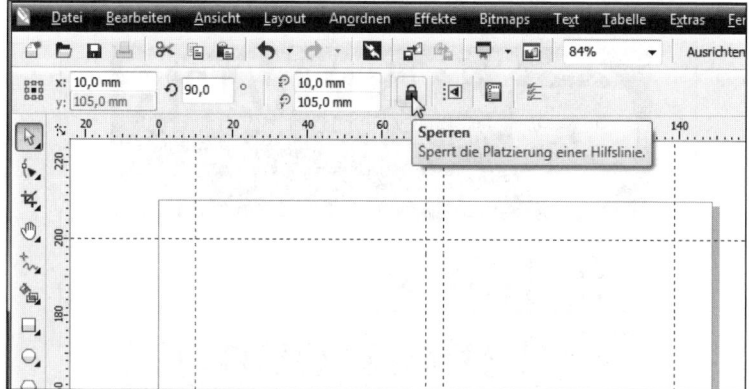

Abb. 4.9: Die Hilfslinien sperren

> **TIPP**
>
> Sie können übrigens sehr leicht erkennen, ob eine Hilfslinie gesperrt ist oder nicht. Klicken Sie sie einfach an. Wenn Sie in der Eigenschaftsleiste das Schlosssymbol ausmachen können, ist die Linie nicht gesperrt. Andernfalls wird in der Eigenschaftsleiste nichts angezeigt und Sie müssen mit der rechten Maustaste auf die Linie klicken, um die Sperrung über das Kontextmenü aufzuheben.

Die Titelseite

Nun geht es an das Gestalten der Seiten, wobei Sie zunächst mit der Titelseite beginnen. Damit Sie schon einmal davon eine Vorstellung bekommen, wie die fertige Seite aussehen wird, können Sie sich folgende Abbildung anschauen:

10 Jahre Oldtimerfreunde!

Fulda
Kaum zu glauben! Unser Verein existiert nun schon 10 Jahre. Wer hätte das gedacht, als sich 2002 die acht Gründungsmitglieder den Verein ins Leben riefen. Viel ist seit dem geschehen. Wir konnten schon drei Jahre später unser Vereinsheim im alten Fuldaer Lokschuppen beziehen und dort eine Werkstatt mit drei Hebebühnen einrichten. Besonderen Dank möchten wir an dieser Stelle noch einmal dem Lottomillionär Lothar L. sagen, der uns mit einer sehr großzügigen Spende ermöglichte das Gebäude fachgerecht zu sanieren und für die Zukunft herzurichten. So bekam der denkmalgeschützte Bau aus Sandstein mit Formen des Spätklassizismus zunächst eine Fassadendämmung und neue Glasfenster und die Vereinsräume konnten von Grund auf renoviert und mit einer modernen Heizungsanlage und Haustechnik versehen werden.

Besonders zu erwähnen ist auch unser fünfjähriges Fest im Jahre 2007. Gewiss werden sich noch alle Mitglieder dran erinnern, dass wir den ehemaligen Formel-F1-Weltmeister Mika Häkkinen für eine Autogrammstunde gewinnen konnten. Begeistert durch unsere Lokalität, war der begeisterte Oldtimersammler rund fünf Stunden bei uns geblieben und hatte so manchen Schwank

Abb. 4.10: Die fertige erste Seite

Zunächst ist es hilfreich, wenn Sie den Nullpunkt auf die obere linke Ecke ausrichten.

Doppelklicken Sie auf eines der Lineale. Im sich nun öffnenden Dialogfeld *Optionen* befinden Sie sich schon in der richtigen Kategorie *Lineale*.

Klicken Sie in das Feld *Vertikaler Ursprung* und geben Sie den Wert 210 ein. Wenn Sie diese Eingabe mit ⏎ bestätigen, wird der Nullpunkt auf die obere linke Ecke gesetzt.

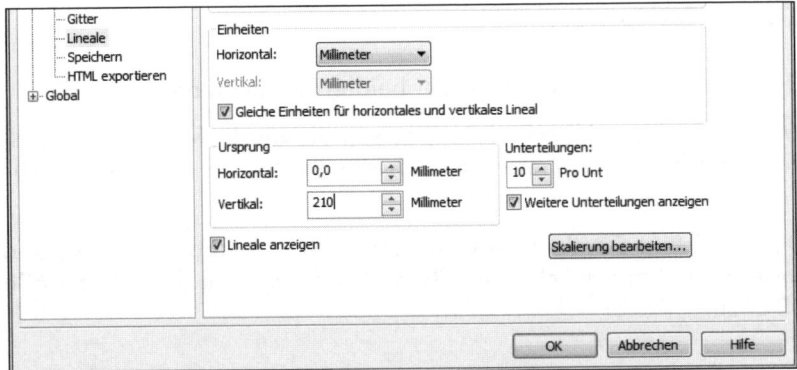

Abb. 4.11: Den Nullpunkt der Lineale ausrichten

Die Titelleiste

Für den Titel benötigen Sie 40 mm Platz, der mithilfe einer weiteren Hilfslinie reserviert wird.

Erstellen Sie dazu eine horizontale Hilfslinie in einem Abstand von 50 mm vom oberen Rand. Wegen der Neuausrichtung des vertikalen Ursprungs müssen Sie demzufolge -50 eingeben und diese Angabe mit einem Klick auf *Hinzufügen* in die Liste befördern.

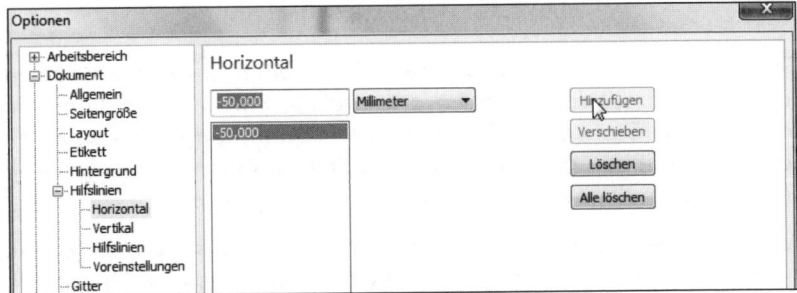

Abb. 4.12: Diese Hilfslinie begrenzt den Titel

Aktivieren Sie dann die Hilfslinienarretierung über die Befehlsfolge *Ansicht / An Hilfslinien* ausrichten.

Die Titeltexte

Dann geht es an die Eingabe der beiden Textelemente.

Wählen Sie das Hilfsmittel *Text*, setzen Sie die Einfügemarke durch einen Klick in den oberen Bereich des Blattes ab und tippen OLD-TIMER ein.

Doppelklicken Sie dann in das Wort, sodass es markiert wird, und weisen Sie ihm die Schriftart *Clarendon Blk BT* und die Schriftgröße *48 pt* zu.

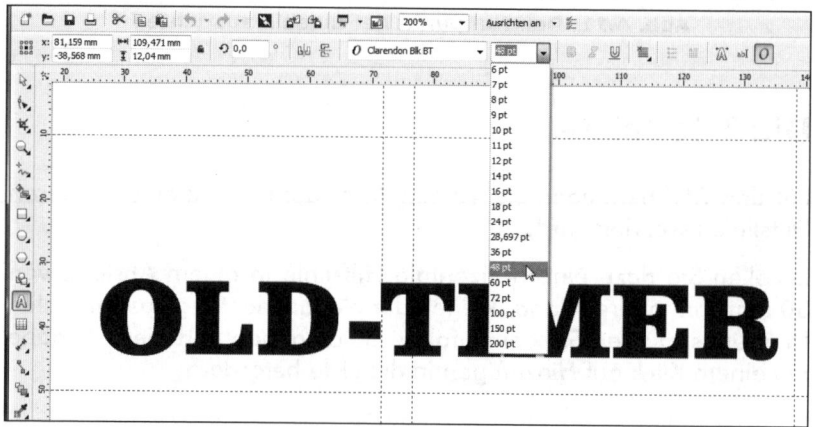

Abb. 4.13: Der erste Schriftzug

Gestalten Sie auf die gleiche Weise den zweiten Schriftzug *Magazin der Oldtimerfreunde Osthessen e.V.*, weisen Sie ihm allerdings die Schriftgröße *13 pt* zu (die Sie mangels Angabe in der Liste selbst in das Feld eintippen und mit ⏎ bestätigen müssen) und platzieren Sie die beiden Elemente wie in 4.14 Abbildung ersichtlich.

Betrachten Sie an dieser Stelle einmal das Scribble, das Sie für die Broschüre entworfen hatten. CorelDRAW bietet Ihnen ein Hilfsmittel, mit dem Sie schnell freihändig Designs und Layout auf dem Computer skizzieren können. Der Clou daran ist, dass unpräzise Skizzen vom Programm automatisch ausgeglichen werden und Sie sich nur aufs Gestalten konzentrieren müssen.

Abb. 4.14: Der zweite Schriftzug

Diese Funktion werden Sie gleich einmal bei der Gestaltung des Titels einsetzen.

Vielleicht denken Sie jetzt daran, den Hintergrund, ähnlich wie beispielsweise in Word, mit einem Rahmen zu versehen. Doch diese Funktion gibt es bei CorelDRAW nicht. Sie werden aber sehen, wie Sie mit einem kleinen „Trick" dieses Manko beheben.

Aktivieren Sie das Hilfsmittel *Formerkennung* und umfahren Sie den Text in der Form eines Rechtecks.

Abb. 4.15: Keine Sorge, das wird!

Keine Sorge übrigens, wenn das Rechteck alles andere als exakt ist. Sobald Sie die Maustaste loslassen, glättet CorelDRAW Ihre Zeichnung und Sie erhalten ein mustergültiges Rechteck.

> **TIPP**
>
> Dieses Werkzeug eignet sich hervorragend zur Gestaltung ganzer Publikationen, da man damit fast wie mit einem Bleistift arbeiten kann.

Abb. 4.16: Kaum zu glauben!

Jetzt benötigen die beiden Schriftzüge noch ein bisschen Feintuning. Verschieben Sie die Schriftzüge zunächst an den rechten Rand und versehen Sie sie dann mit einer weißen Füllung.

Markieren Sie mithilfe des Hilfsmittels *Auswahl* die beiden Schriftzüge (dazu müssen Sie die ⇧-Taste gedrückt halten) und klicken Sie auf das weiße Farbfeld in der Farbpalette.

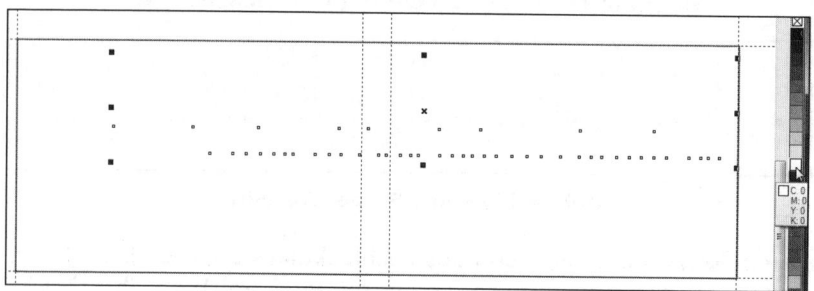

Abb. 4.17: Die Schriftzüge färben

Dann markieren Sie das eben erstellte Rechteck und klicken auf das schwarze Farbfeld, um das Rechteck entsprechend zu färben.

Das Rechteck liegt nun auf dem Text und muss nach hinten gebracht werden. Achten Sie darauf, dass das Rechteck markiert ist und drücken Sie dann ⇧ + Bild↓.

Daraufhin wird das Rechteck ganz nach unten verschoben und die Textobjekte werden sichtbar.

Abb. 4.18: Jetzt stimmt die Reihenfolge

Zweitverwertung des Logos

Im zweiten Kapitel haben Sie ein Logo erstellt und in eine Datei exportiert, das jetzt seinen zweiten Einsatz erfährt. Dieses soll auf der linken Seite des Titels eingefügt werden.

Mithilfe des Menüpunkts *Datei / Importieren* ist es kein Problem, digitale Bilder oder Fotos in ein Dokument einzubinden. Damit Sie die Bilder importieren können, muss allerdings ein entsprechender Importfilter installiert sein. Zum Glück verfügt CorelDRAW über zahlreiche solcher Filter, sodass eigentlich keine Probleme auftreten dürften.

Wenn Sie die Befehlsfolge *Datei / Importieren* gewählt oder auf die entsprechende Schaltfläche in der Symbolleiste geklickt haben, öffnet sich das Dialogfeld *Importieren*.

Wählen Sie als Erstes in dem nun erscheinenden Dialogfeld das Laufwerk und den Ordner aus, in dem die Bilddatei gespeichert ist.

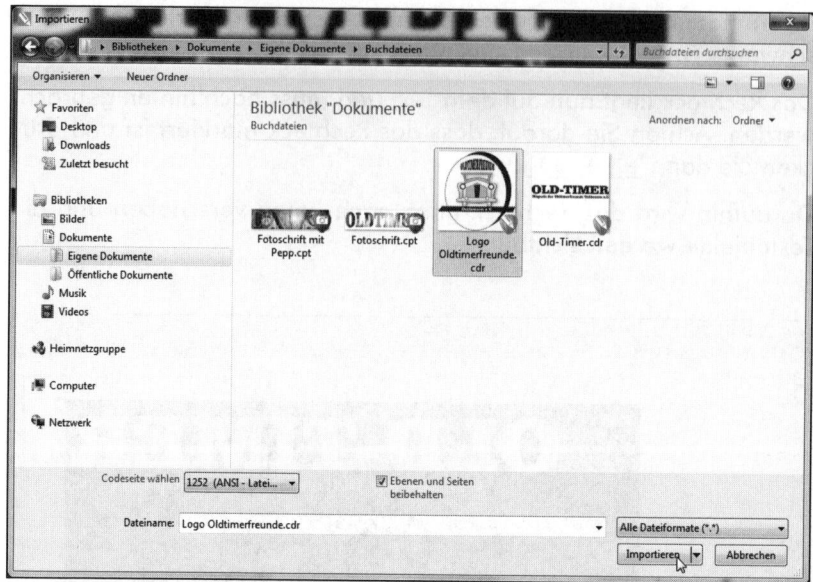

Abb. 4.19: Das Logo auswählen

> **TIPP**
>
> Wenn Sie zu viele Dateien angezeigt bekommen, sollten Sie die standardmäßige Anzeige aller Dateiformate beschränken, indem Sie im Listenfeld *Alle Dateiformate* einen entsprechenden Eintrag wählen. Hier finden Sie die erwähnten Filter und können so sehen, ob Sie das Bild überhaupt importieren können.

Markieren Sie anschließend die gewünschte Datei und klicken Sie zum Beenden auf die Schaltfläche *Importieren*.

Der Mauszeiger hat nun die Form eines Winkels, an dessen unterem Ende der Dateiname steht, bekommen.

```
Logo Oldtimerfreunde.cdr
w: 50,0 mm; h: 50,0 mm
Klicken und ziehen Sie, um die Größe zu ändern
Drücken Sie die Eingabetaste, um auf der Seite zu zentrieren.
Drücken Sie die Leertaste zur Verwendung der ursprünglichen Position.
```

Abb. 4.20: Der veränderte Mauszeiger

Klicken Sie nun auf den Bereich der Seite, auf dem die Datei erscheinen soll. Halten Sie dann die Maustaste gedrückt und ziehen Sie einen Rahmen in der gewünschten Größe auf.

Wenn Sie die Maustaste loslassen, befindet sich die Grafik an ihrem Platz. Passen Sie gegebenenfalls das Logo so an, dass es das O von OLD-TIMER überdeckt.

Abb. 4.21: Die importierte Grafik platzieren

Abschließend sollten Sie einen Auswahlrahmen um alle Objekte ziehen und diese mit Strg + G gruppieren.

Die Schlagzeile

Das Wichtigste an einer Zeitschrift ist eine gute Aufmachung. Die Titelseite sollte vor allem zum Weiterlesen anregen.

Zunächst erstellen Sie eine weitere horizontale Hilfslinie bei *-90 mm*.

Bei der Schlagzeile, neudeutsch auch Headline genannt, handelt es sich um ein weiteres Grafiktextobjekt, das lediglich mit der Schriftart *Arial* in fett (Schaltfläche *B*) und einer Unterstreichung versehen wurde.

Erstellen Sie die Schlagzeile mit dem Hilfsmittel *Text*, formatieren Sie sie in der Schriftart *Arial* und richten Sie sie mithilfe des Hilfsmittels *Auswahl* wie in der folgenden Abbildung ersichtlich aus.

Abb. 4.22: Die Schlagzeile als grafischer Text

Der Leitartikel

Als Nächstes geht es an den sogenannten Leitartikel. Dazu werden Sie ein Mengentextobjekt verwenden, denn der Artikel enthält wesentlich mehr Text als alle bisherigen Textobjekte.

Mengentextobjekte eignen sich besonders dann, wenn bei einem Textobjekt auch die Absatzformatierung eine Rolle spielt. Ihre besonderen Vorzüge spielen sie aber dann aus, wenn der Text in Spalten angeordnet werden soll. Bei einem Mengentext ist der Bereich, in dem der Text eingeben wird, durch einen Textrahmen begrenzt. Geben Sie Text in einen solchen Rahmen ein, erfolgt automatisch ein Zeilenwechsel, sobald der rechte Textrahmenrand erreicht wird. Dieses Vorgehen entspricht in etwa dem, das Sie vielleicht von Ihrer Textverarbeitung her kennen.

Damit Sie größere Textabschnitte schreiben können, müssen Sie zunächst einen Mengentextrahmen anlegen.

Legen Sie zunächst bei -100 mm eine weitere horizontale Hilfslinie an.

Wählen Sie dann das Hilfsmittel *Text* und klicken Sie mit der Maustaste auf die Anfangsposition für den Textrahmen, also den oberen linken Schnittpunkt der Hilfslinien.

Halten Sie die Maustaste gedrückt und ziehen Sie diagonal einen Textrahmen auf. Wegen der aktivierten Einrastfunktion der Hilfslinien läuft er automatisch diesen nach, sodass das Einpassen ein Kinderspiel ist.

Sobald der Rahmen die gewünschte Größe erreicht hat, lassen Sie die Maustaste los.

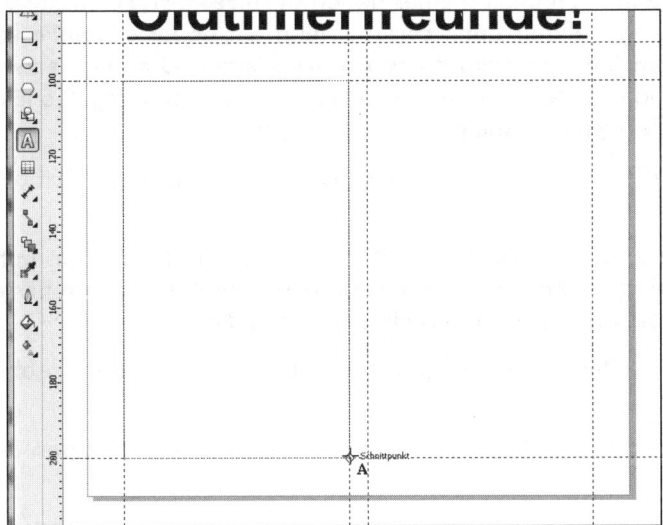

Abb. 4.23: Den ersten Mengentextrahmen anlegen

Der so erstellte Textrahmen unterscheidet sich ein bisschen von den bisher angelegten Objekten. Er wird durch ein schwarz umrissenes Rechteck dargestellt, in dessen linker oberer Ecke die Einfügemarke blinkt. Umgeben ist er an den Ecken und an der rechten und linken Seite von den üblichen Anfasspunkten. An der oberen und der unteren Seite befinden sich jedoch in der Mitte neue Anfasspunkte, deren nähere Bedeutung Sie im Folgenden kennenlernen werden.

Sie könnten nun direkt mit der Texteingabe beginnen, indem Sie mit aktiviertem Hilfsmittel *Text* in den Mengentextrahmen klicken und einfach mit dem Tippen beginnen.

Allerdings ist es gerade bei größeren Publikationen nicht ratsam, den Text an dieser Stelle einzugeben. Für diese Fälle stellt Ihnen Corel-DRAW einen Editor zur Verfügung, der ähnlich wie eine Textverarbeitung eine rasche und unkomplizierte Texteingabe erlaubt.

Mit diesem Editor arbeiten Sie fast wie in Ihrer gewohnten Textverarbeitung. Der Text wird automatisch umbrochen und Sie müssen (und sollten) die ⏎-Taste am Ende einer Zeile nicht drücken, da dies später nur zu hässlichen Umbrüchen an nicht erwünschten Stellen führt. Mit der ⏎-Taste nehmen Sie vielmehr eine sogenannte harte Zeilenschaltung vor, d.h., Sie legen damit das Absatzende und gleichzeitig den Beginn eines neuen Absatzes fest. Einen Absatz sollten Sie immer nur dann setzen, wenn ein neuer Gedanke kommt. Möchten Sie innerhalb eines Absatzes einen Umbruch erzwingen, verwenden Sie die sogenannte weiche Zeilenschaltung. Sie lösen sie über die Tastenkombination ⇧ + ⏎ aus.

Diesen Texteditor rufen Sie über die Befehlsfolge *Text / Text bearbeiten* auf.

Als Erstes sollten Sie die Schrift einstellen, mit der der gesamte Text formatiert werden soll. Für die Publikation wählen Sie am besten die Schriftart *Times New Roman* in der Größe *12*.

Beginnen Sie dann mit der Texteingabe: Fulda (siehe Abbildung 4.24).

Nachdem Sie ⏎ gedrückt haben, vervollständigen Sie den Text wie folgt:

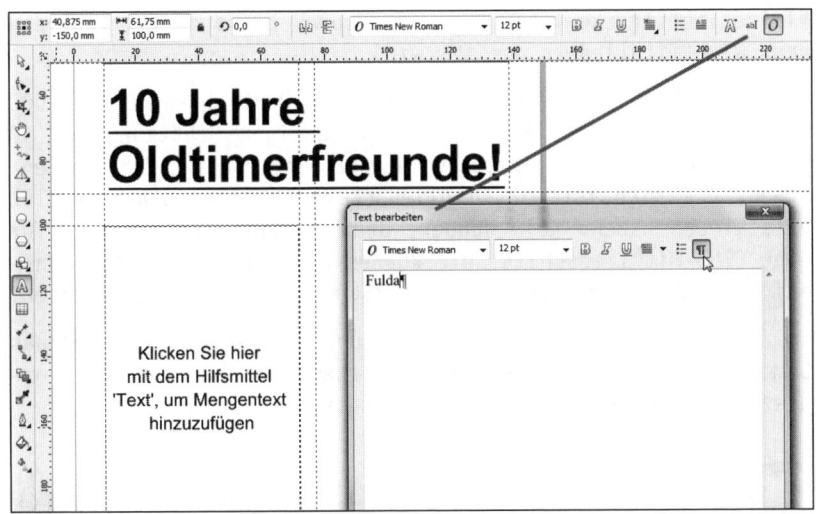

Abb. 4.24: Der Texteditor von CorelDRAW

Kaum zu glauben! Unser Verein existiert nun schon 10 Jahre. Wer hätte das gedacht, als 2002 die acht Gründungsmitglieder den Verein ins Leben riefen. Viel ist seit dem geschehen. Wir konnten schon drei Jahre später unser Vereinsheim im alten Fuldaer Lokschuppen beziehen und dort eine Werkstatt mit drei Hebebühnen einrichten. Besonderen Dank möchten wir an dieser Stelle noch einmal dem Lottomillionär Lothar L. sagen, der uns mit einer sehr großzügigen Spende ermöglichte, das Gebäude fachgerecht zu sanieren und für die Zukunft herzurichten. So bekam der denkmalgeschützte Bau aus Sandstein mit Formen des Spätklassizismus zunächst eine Fassadendämmung und neue Glasfenster und die Vereinsräume konnten von Grund auf renoviert und mit einer modernen Heizungsanlage und Haustechnik versehen werden.

Besonders zu erwähnen ist auch unser fünfjähriges Fest im Jahre 2007. Gewiss werden sich noch alle Mitglieder dran erinnern, dass wir den ehemaligen Formel-F1-Weltmeister Mika Häkkinen für eine Autogrammstunde gewinnen konnten. Begeistert durch unsere Lokalität, war der begeisterte Oldtimersammler rund fünf Stunden bei uns geblieben und hatte so manchen Schwank zum Besten gegeben. Zugleich war sein Besuch die Initialzündung für unsere kleine Teststrecke rund um den Schuppen, die auch von zahlreichen Nichtmitgliedern genutzt wird.

Übrigens: Wussten Sie schon, dass es in Deutschland über 1.000 Oldtimer-Clubs gibt? Bei einer vorsichtigen Schätzung von 10 bis 15 Mitgliedern pro Club ergibt das eine riesige Zahl an Menschen, die sich für die Mitgliedschaft in einem Oldtimer-Club entschieden haben. Kein Wunder, denn es gibt viele Gründe für eine Club-Mitgliedschaft. Wir können ganz besonders stolz darauf sein, dass wir schon 2010 das 25. Mitglied begrüßen konnten.

Im Juli wird es also so weit sein und wir werden unser großes Sommerfest feiern. Einen ausführlichen Bericht über den kompletten Festablauf finden Sie im nächsten Heft!

TIPP

Wenn Sie möchten, können Sie den Text gleich auf Rechtschreibfehler überprüfen lassen. Klicken Sie dazu auf die Schaltfläche *Optionen* und wählen Sie den Eintrag *Rechtschreibung* aus.

Wenn Sie den Text auf seine Rechtschreibung hin geprüft haben, klicken Sie auf *OK*, um den Editor zu verlassen.

Wie Sie sicherlich bemerkt haben, enthält das Mengentextobjekt jetzt den zuvor eingegebenen Text. Und wenn Sie genauer hinschauen, wird Ihnen auffallen, dass sich das Textobjekt verändert hat. Am unteren Rand befindet sich eine dreieckige Markierung in dem mittleren Anfasspunkt. Diese Markierung weist daraufhin, dass die Aufnahmekapazität des Textrahmens überschritten wurde und der Text demzufolge nicht mehr angezeigt wird (siehe Abbildung 4.25).

Möchten Sie den vollständigen Text dargestellt wissen, können Sie den Rahmen einfach vergrößern, indem Sie ihn etwas nach unten ziehen. Bei der Zeitschrift macht das aber keinen Sinn, denn dieser Text würde außerhalb des eigentlichen Druckbereichs angezeigt werden.

Es gibt aber eine ganz einfache Möglichkeit, wie Sie einen fortlaufenden Text an unterschiedliche Stellen oder in Spalten setzen.

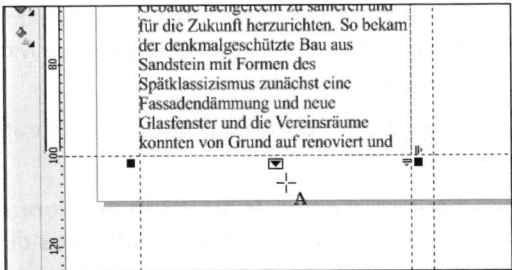

Abb. 4.25: Der Mengentext hat die Anzeigekapazität überschritten

Erzeugen Sie zunächst mithilfe des Textwerkzeugs auf die oben geschilderte Art in der zweiten durch Hilfslinien gekennzeichneten Spalte einen weiteren Textrahmen.

Da auf der unteren Seite im Anschluss noch ein Bild eingefügt wird, soll der Textrahmen lediglich eine Höhe von ca. 50 mm haben.

Ziehen Sie mit dem Hilfsmittel *Text* einen Rahmen auf. Achten Sie dabei in der Eigenschaftsleiste auf das Feld *Höhe* in der Gruppe *Objektgröße*.

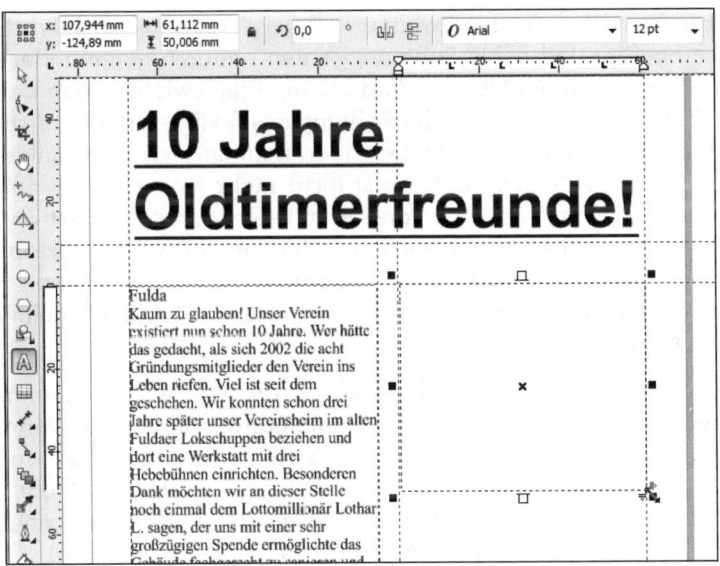

Abb. 4.26: Das zweite Textfeld aufziehen

Um die beiden Rahmen zu verbinden, aktivieren Sie dann das Hilfsmittel *Auswahl* und klicken damit auf die dreieckige Markierung am unteren Rand des ersten Textrahmens.

Der Mauszeiger nimmt die Form eines Textsymbols mit einem nach unten weisenden Pfeil an.

Sobald Sie ihn über den zweiten Textrahmen platzieren, wechselt er abermals die Form und nimmt nun die Gestalt eines dicken schwarzen Pfeils an.

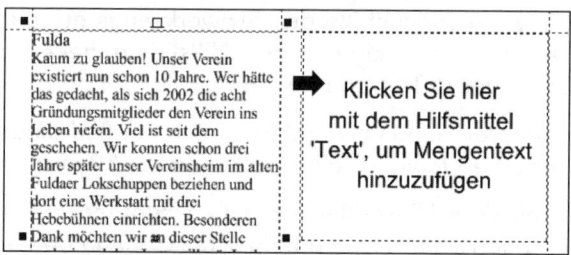

Abb. 4.27: **Führen Sie den schwarzen Pfeil auf den Textrahmen und ...**

Klicken Sie damit in den zweiten Rahmen. Augenblicklich wird der Text eingefügt und beide Rahmen werden dadurch miteinander verbunden, was Sie deutlich an dem blauen Pfeil zwischen den beiden Textobjekten erkennen, der die Richtung des Textflusses kennzeichnet. Ferner hat sich das Aussehen des unteren mittleren Anfasspunkts des ersten Textobjekts geändert. Er ist nicht mehr leer, sondern enthält drei Striche als Zeichen dafür, dass er mit einem weiteren Textrahmen verbunden ist. Das gleiche Zeichen finden Sie am zweiten Textobjekt. Nur befindet es sich dort an dem oberen Rand – sozusagen als Hinweis, dass hier der Text von einem anderen Textobjekt hineinfließt (siehe Abbildung 4.28).

Alle Textrahmen, die Sie auf die eben vorgestellte Art miteinander verbunden haben, sind dynamisch miteinander verknüpft. Wenn Sie die Größe eines Rahmens ändern, wird der überstehende Text auf die anderen Rahmen verteilt. Löschen Sie einen Rahmen, so „fließt" der Text in den anderen Rahmen. Ein Textverlust ist somit nur möglich, wenn Sie alle Rahmen löschen (und nicht gespeichert haben).

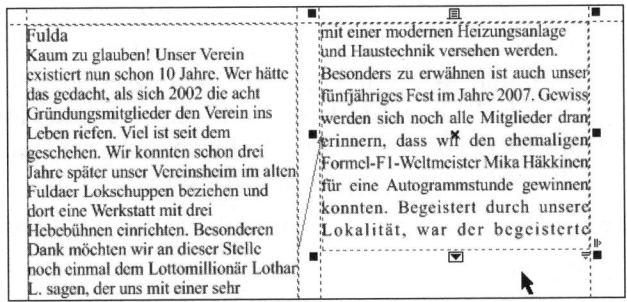

Abb. 4.28: ... klicken Sie, damit der Text weiterläuft

Wie Sie anhand des unteren mittleren Anfasspunkts sehen, enthält das Mengentextobjekt weiteren Text. Dieser soll später auf der zweiten Seite fortgeführt werden. Zunächst soll jedoch die erste Seite fertiggestellt werden.

Zunächst einmal soll der Text, wie bei den meisten Zeitschriften auch, im Blocksatz gesetzt werden.

Klicken Sie mit dem Hilfsmittel *Text* in einen Textcontainer und drücken Sie Strg + A, damit der komplette Text markiert wird.

Klicken Sie dann auf der Eigenschaftsleiste auf das Symbol *Horizontale Ausrichtung* und wählen Sie *Blocksatz* aus.

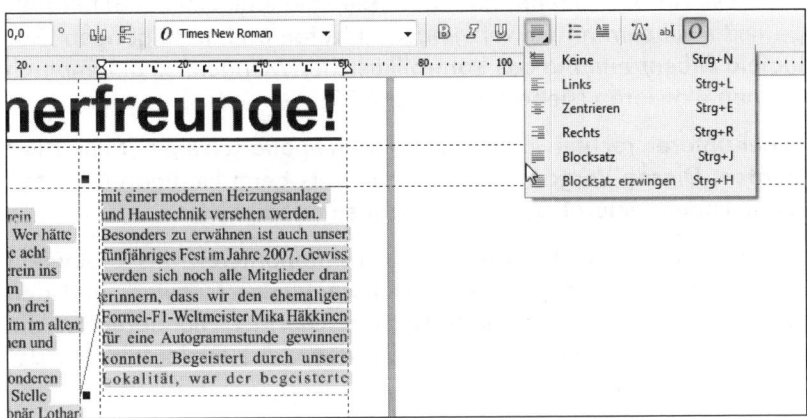

Abb. 4.29: Den Text im Blocksatz setzen

Das sieht dann schon besser aus, aber sicherlich werden Ihnen die etwas unschönen großen Lücken auch nicht gefallen. Wie Sie gesehen haben, erfolgt ein automatischer Zeilenwechsel, sobald das Wort länger ist, als der in der Zeile zur Verfügung stehende Platz. Das gesamte Wort erscheint dann in der nächsten Zeile, da CorelDRAW standardmäßig keine Silbentrennung durchführt.

Sie können die Silbentrennung auf zweierlei Arten durchführen:

⇨ manuell oder

⇨ automatisch.

Um eine manuelle Silbentrennung durchzuführen, platzieren Sie den Cursor an der Stelle des Textes, an der die Trennung erfolgen soll und drücken einfach die -Taste. Von dieser Methode ist allerdings abzuraten. Wenn Sie nämlich später einen so getrennten Text verändern, kann es passieren, dass plötzlich Trennstriche mitten im Text auftauchen, weil sich der Zeilenumbruch verschoben hat.

Aktivieren Sie also besser die automatische Silbentrennung. Dann werden die Wörter, die nicht mehr in eine Zeile passen, von Corel-DRAW automatisch getrennt, wobei der notwendige Trennstrich auch gleich mit eingefügt wird. Diese Art der Trennung hat den Vorteil, dass sie nicht fest ist, sondern Änderungen bei der Texteingabe automatisch neu berechnet werden.

Für diese Art der Silbentrennung müssen Sie lediglich die Befehlsfolge *Text / Silbentrennung verwenden* aufrufen und im folgenden Dialogfeld *Silbentrennung* das Kontrollkästchen *Mengentext automatisch trennen* aktivieren (siehe Abbildung 4.30).

In der unteren rechten Hälfte der zweiten Spalte soll ein Foto platziert werden. Diesen Vorgang haben Sie bereits beim Einfügen der Titelgrafik kennengelernt, sodass das schnell erledigt ist.

Rufen Sie über den Menüpunkt *Datei / Importieren* das Dialogfeld *Importieren* auf. Wählen Sie im Dialogfeld das Laufwerk und den Ordner aus, in dem die Bilddatei gespeichert ist. Markieren Sie die gewünschte Datei und schließen Sie dann das Dialogfeld mit der Schaltfläche *Importieren*.

Der Mauszeiger nimmt wieder die Form eines Winkels an.

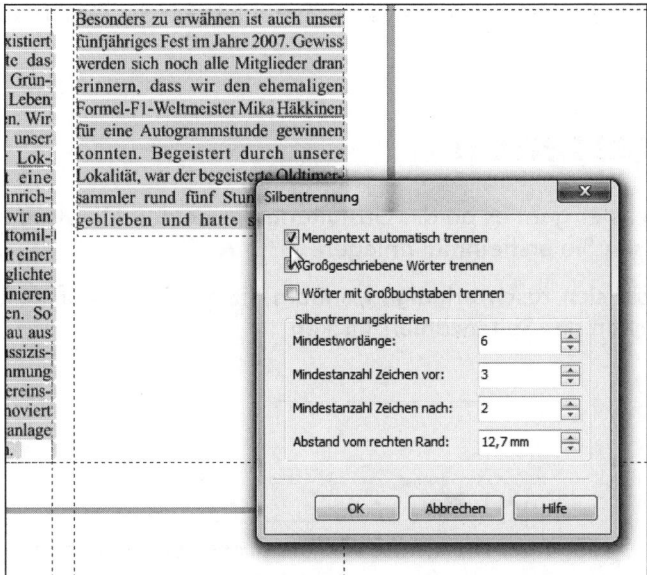

Abb. 4.30: Die Silbentrennung durchführen

Klicken Sie dann auf den Bereich der Seite, auf dem die Datei erscheinen soll. Halten Sie dabei die Maustaste gedrückt und ziehen Sie – beginnend vom unteren rechten Schnittpunkt der Hilfslinien – einen Rahmen in der gewünschten Größe auf.

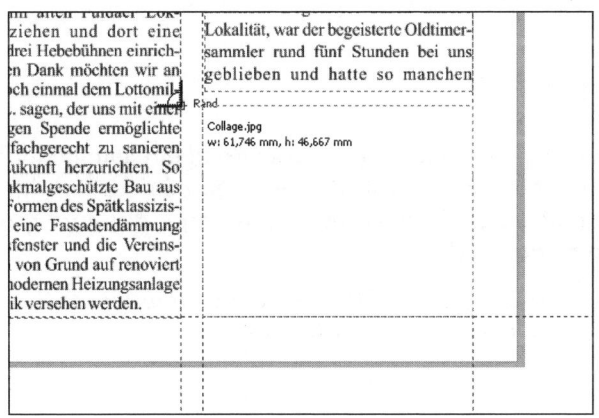

Abb. 4.31: Ein Bild importieren

Wenn Sie die Maustaste loslassen, befindet sich die Grafik an ihrem Platz.

Mittelseiten

Als Nächstes geht es an die Gestaltung der beiden Mittelseiten. Diese müssen Sie erst einmal anlegen.

Das lässt sich rasch erledigen, indem Sie zwei Mal auf das rechte Pluszeichen des Seitenzählers klicken.

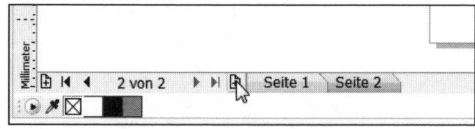

Abb. 4.32: Die zweite und die dritte Seite einfügen

Zunächst werden Sie die zweite Seite gestalten und dann einige Elemente über die Zwischenablage übernehmen.

Aktivieren Sie den Registerreiter mit der Bezeichnung *Seite 2* und entfernen Sie alle horizontalen Hilfslinien (außer den Randhilfslinien). Dazu müssen Sie diese Hilfslinien lediglich mit der Maus anklicken, sodass sie rot dargestellt werden, und dann die Entf-Taste drücken, um sie zu löschen.

Stilmittel

Alle Folgeseiten enthalten am unteren Rand ein Stilmittel, das für ein einheitliches Aussehen sorgt. Dieses haben Sie im Prinzip schon im zweiten Kapitel erstellt, denn es ist das Logo, das zum größten Teil weiterverwendet wird.

Öffnen Sie die Datei *Logo Oldtimerfreunde*. Markieren Sie das Logo und kopieren Sie es in die Zwischenablage.

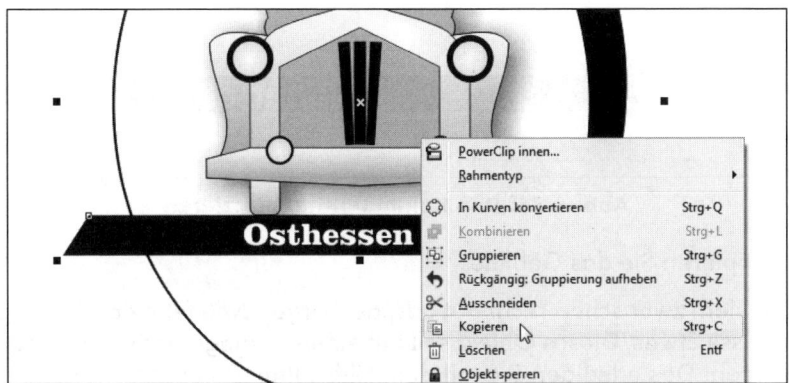

Abb. 4.33: Diese Teile werden benötigt

Wechseln Sie über das Menü *Fenster* zur Datei *Old-Timer* zurück und fügen Sie den Inhalt der Zwischenablage (z.B. mit Strg + V) ein.

Heben Sie die Gruppierung auf und entfernen Sie die schwarze Ellipse. Gruppieren Sie das Auto mit der weißen Ellipse und platzieren Sie das Ganze an den unteren Bereich des Blattes. Geben Sie dem Objekt eine Breite von *18 mm* und eine Höhe von *22 mm*.

Platzieren Sie dann den Balken in die linke untere Ecke und ziehen Sie ihn bis an die Hilfslinie auf der rechten Seite heran.

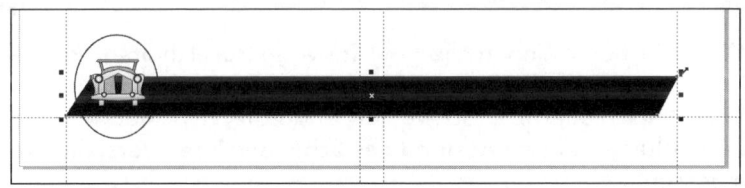

Abb. 4.34: Das Rechteck mit gedrückter []-Taste anpassen

Nun fehlt noch die Kolumnenbezeichnung. Klicken Sie auf das Hilfsmittel *Text*, klicken Sie auf den Balken und stellen Sie die Schriftart *Arial*, die Größe *24* und die Eigenschaft *fett* ein. Tippen Sie dann das Wort *Nachrichten* ein und weisen Sie dem Objekt eine weiße Farbe zu.

Abb. 4.35: Den Kolumnentitel platzieren

Gruppieren Sie das Gebilde.

Das sieht zwar schon recht gut aus, doch irgendwie fehlt da noch das gewisse Etwas. Dieses Objekt soll mit einem Schlagschatten versehen werden. Das erledigen Sie mit dem Hilfsmittel *Hinterlegter Schatten*.

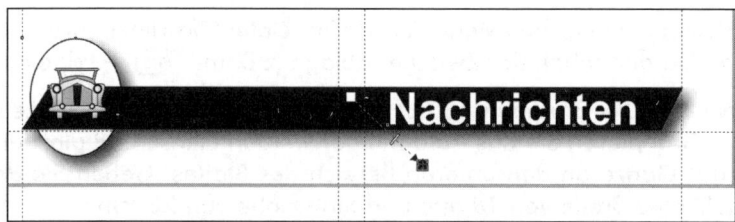

Abb. 4.36: Einen Schlagschatten zuweisen

> **TIPP**
>
> Wenn Sie beim Ziehen die [Strg]-Taste gedrückt halten, können Sie die Schritte auf 15°-Einheiten begrenzen. Zudem können Sie durch Verschieben der schwarzen quadratischen Markierungen die Richtung und den Abstand des Schattens Ihren Vorstellungen anpassen.

Seitenaufteilung

Als Nächstes geht es an die Seitenaufteilung, die Sie wieder mithilfe von Hilfslinien vornehmen.

Platzieren Sie Hilfslinien an folgende Positionen: *-20 mm, -25 mm, -70 mm, -85 mm* und *-180 mm*.

Oberhalb der ersten Hilfslinien wiederholen Sie die Überschrift des Leitartikels. Sie aktivieren dazu das Hilfsmittel *Text*, stellen die Schrift *Arial* in der Größe 24 ein, klicken in diesen Bereich und tippen den Text ein.

Unterhalb dieser Schlagzeile soll der Text von Seite 1 fortgeführt werden.

Anders als beim ersten Mal werden Sie vorab kein Textobjekt erstellen, sondern Sie werden eine weitere Art kennenlernen, wie man Mengentext auf mehrere Objekte verteilt.

Aktivieren Sie dafür das Hilfsmittel *Auswahl*. Klicken Sie auf den Registerreiter *Seite 1* und dort auf den unteren Anfasser des Textobjekts, der die Markierung mit dem Pfeil enthält. Der Cursor verändert wieder seine Form.

Klicken Sie mit diesem Cursor auf den Registerreiter *Seite 2*, sodass Sie zur Ursprungsseite zurückkehren.

Dort angekommen, zeigen Sie mit dem Cursor in den Schnittpunkt der beiden Hilfslinien und ziehen dann mit gedrückter Maustaste einen Rahmen auf.

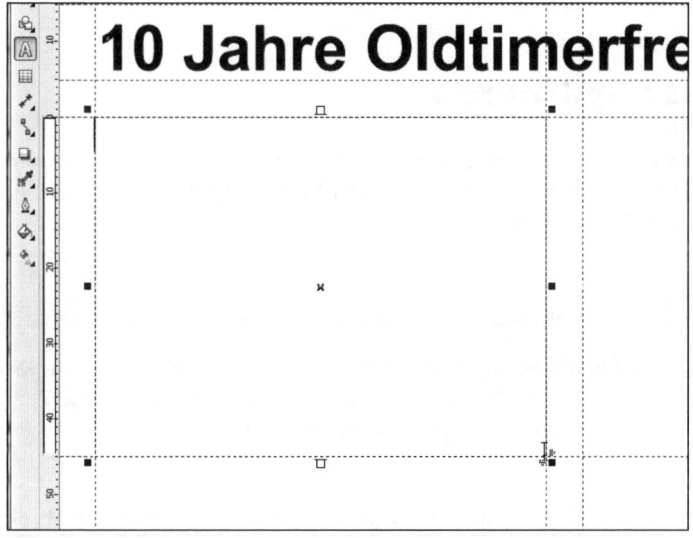

Abb. 4.37: Einen neuen verbundenen Textrahmen aufziehen

Wenn Sie die Maustaste loslassen, läuft sofort der Text in den Textrahmen hinein und Sie erhalten durch einen kleinen blauen Pfeil den grafischen Hinweis, von welcher Seite dieser Text eingebunden wurde.

Ziehen Sie nun auf die gleiche Weise den zweiten Textrahmen im rechten Bereich auf. Damit ist der Text dann vollständig verteilt, was Ihnen CorelDRAW durch einen leeren mittleren Anfasser anzeigt.

10 Jahre Oldtimerfreunde!

zum Besten gebracht. Zugleich war sein Besuch die Initialzündung für unsere kleine Teststrecke rund um den Schuppen, die auch von zahlreichen Nichtmitgliedern genutzt wird.

Übrigens: Wussten Sie schon, dass es in Deutschland über 1.000 Oldtimer-Clubs gibt? Bei einer vorsichtigen Schätzung von 10 bis 15 Mitgliedern pro Club ergibt das eine riesige Zahl an Menschen, die sich für die Mitgliedschaft in einem Oldtimer-Club entschieden haben. Kein

Wunder, denn es gibt viele Gründe für eine Club-Mitgliedschaft. Wir können ganz besonders stolz darauf sein, dass wir schon 2010 das 25. Mitglied begrüßen konnten.

Im Juli wird es also soweit sein und wir werden unser großes Sommerfest feiern. Einen ausführlichen Bericht *über den kompletten Festablauf finden Sie im nächsten Heft!*

Seite 1

Abb. 4.38: Verbundene Mengentextobjekte

Text importieren

Der untere Bereich der Seite soll einen Artikel über die letzte Winterausfahrt enthalten. Dieser Text wird Ihnen zugeliefert, sprich, er liegt im Word-Format vor.

TIPP

Sie können einen beliebigen Titel nehmen oder Sie erstellen in Word mithilfe der Funktion =lorem(1,15) (ab Word 2007) bzw. =rand(1,15) einen entsprechenden Blindtext.

Für die Artikelüberschrift verwenden Sie das gleiche Textobjekt wie für den oberen Artikel.

Markieren Sie es und kopieren Sie es dann mit Strg + C in die Zwischenablage. Fügen Sie es sofort über Strg + V ein und verschieben Sie es mit der Maus nach unten. Klicken Sie dann mit dem Hilfsmittel *Text* in den Text, markieren Sie ihn und überschreiben Sie ihn.

Um den fertigen Word-Text zu übernehmen, rufen Sie die Befehlsfolge *Datei / Importieren* auf, wodurch Sie das bekannte Dialogfeld *Importieren* erhalten.

Da Ihnen alle Dateien angezeigt werden, wählen Sie zuerst im Listenfeld *Dateityp* das entsprechende Dateiformat. Für die Übernahme von Word finden Sie einen entsprechenden Eintrag.

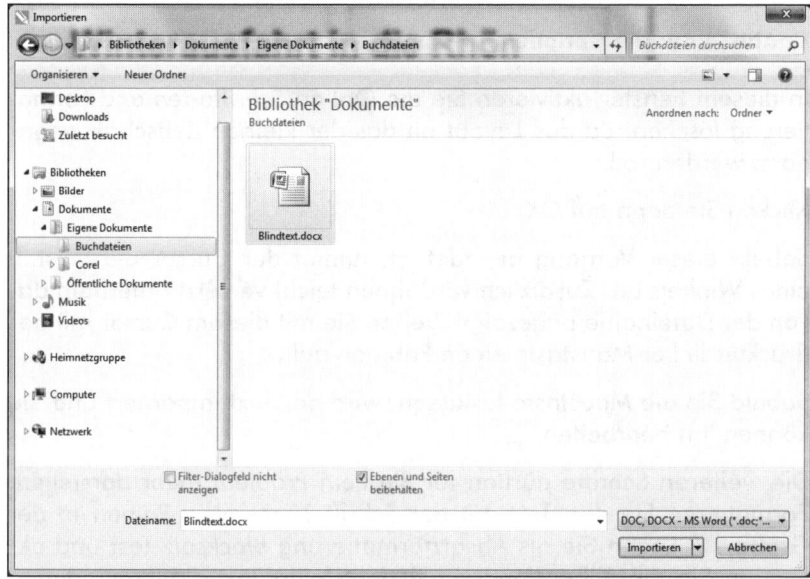

Abb. 4.39: Das Word-Dokument importieren

Markieren Sie die gewünschte Textdatei und bestätigen Sie mit *Importieren*, um den Text einzufügen.

Es erscheint ein kleines Hinweisfenster, das Sie auf den aktuell laufenden Konvertierungsprozess hinweist und Ihnen entsprechende Optionen anbietet.

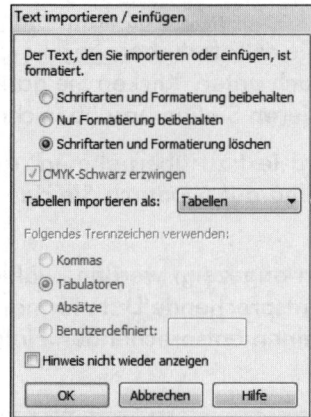

Abb. 4.40: Die Optionen für das Importieren eines Word-Textes

In diesem Fenster aktivieren Sie die Option *Schriftarten und Formatierung löschen*, da das Layout an das der kleinen Zeitschrift angepasst werden soll.

Klicken Sie dann auf *OK*.

Sobald dieser Vorgang beendet ist, nimmt der Cursor die Gestalt eines Winkels an. Zusätzlich wird Ihnen leicht versetzt unterhalb davon der Dateiname angezeigt. Ziehen Sie mit diesem Cursor mit gedrückter linker Maustaste einen Rahmen auf.

Sobald Sie die Maustaste loslassen, wird der Text importiert und Sie können ihn bearbeiten.

Die weiteren Schritte dürften für Sie kein Problem mehr darstellen. Formatieren Sie den Text mit der Schrift *Times New Roman* in der Größe *12*. Legen Sie als Absatzformatierung *Blocksatz* fest und aktivieren Sie die Silbentrennung (Befehlsfolge *Text / Silbentrennung verwenden*).

Legen Sie dann auf eine der Ihnen bekannten Arten einen zweiten Textrahmen an und lassen Sie den Text hinüberfließen.

Sicherlich fällt Ihnen auf, dass das zweite Mengentextobjekt nicht ganz gefüllt ist. Dies hat durchaus seine Berechtigung, denn im Folgenden werden Sie sehen, wie man eine Grafik in einen Text so integrieren kann, dass der Text um sie herumfließt.

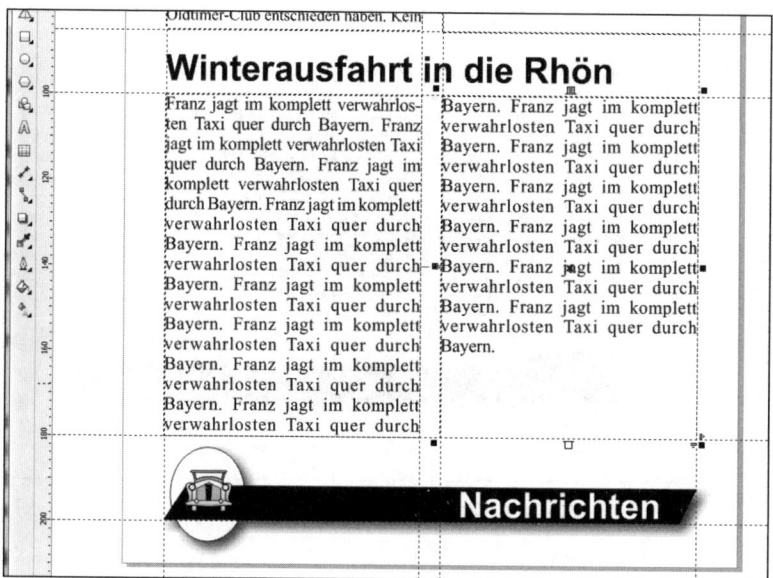

Abb. 4.41: Der importierte Blindtext

Textumbruch

Gezeichnete Objekte können Sie problemlos so in einen Mengentext integrieren, dass sich der Textfluss an der Form des jeweiligen Objekts orientiert. In CorelDRAW wird dieser Effekt als Mengentextumbruch bezeichnet.

Kopieren Sie über die Zwischenablage aus der Datei *Logo Oldtimerfreunde* das Auto und fügen Sie es auf der Seite 2 ein (siehe Abbildung 4.42).

Wie Sie sehen, liegt die Grafik jetzt vor dem Text. Der dahinter liegende Text kann so natürlich nicht mehr gelesen werden. Deshalb werden Sie im Folgenden den Text um die Grafik fließen lassen.

Achten Sie darauf, dass die Grafik markiert bleibt und klicken Sie sie gegebenenfalls mit dem Hilfsmittel *Auswahl* an. Klicken Sie dann in der Eigenschaftsleiste auf das Dreieck auf der Schaltfläche *Mengentextumbruch*. Es erscheint ein Menü, das die möglichen Textumbrucharten beinhaltet (siehe Abbildung 4.43).

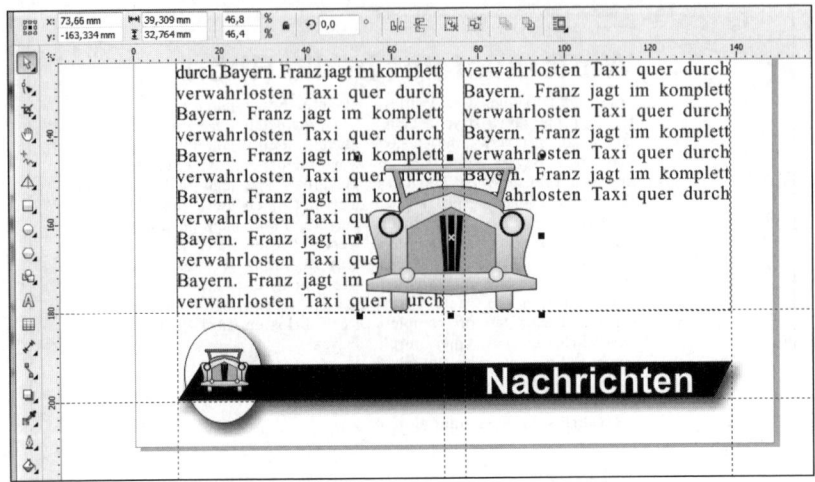

Abb. 4.42: Die importierte Grafik

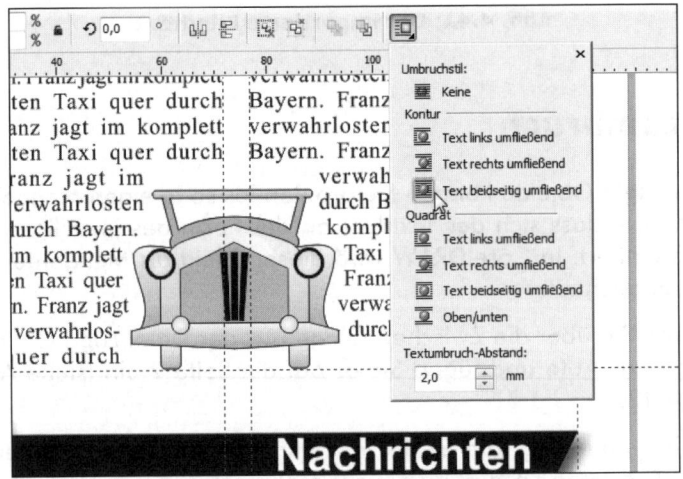

Abb. 4.43: Den Umbruch steuern

Wie Sie dem Menü entnehmen können, kann der Text auf zweierlei Arten um die Grafik herumfließen: *Kontur* oder *Quadrat*. Im ersten Fall läuft der Text der Grafik nach und bildet so unregelmäßige Ränder. Im zweiten Fall wird um die Grafik ein imaginäres Rechteck gezogen und der Text daran ausgerichtet.

Entscheiden Sie sich für die gewünschte Umlaufart, indem Sie darauf klicken. Der Text läuft ab sofort um die Grafik herum.

Damit ist die zweite Seite im Wesentlichen fertig.

Stilelemente für die dritte Seite

Die dritte Seite ähnelt im Aufbau der zweiten Seite sehr. Deshalb können Sie hier rasch einige Stilelemente übernehmen. Insbesondere den oberen Artikel und den Kolumnentitel.

Tauschen Sie dann den Titel aus und spiegeln Sie den Kolumnentitel mit einem Klick auf *Horizontal spiegeln*.

Abb. 4.44: Die dritte Seite mit den übernommenen Stilelementen

Da dabei auch der Text gespiegelt wurde, müssen Sie diesen nochmals spiegeln. Da er sich innerhalb einer Gruppe befindet, klicken Sie mit gedrückter [Strg]-Taste darauf und klicken anschließend noch einmal auf die Schaltfläche Horizontal spiegeln.

Abb. 4.45: Den Text innerhalb der Gruppe spiegeln

Unterhalb des Artikels soll ein mit Corel PHOTO-PAINT bearbeitetes Foto von dem Ausflug platziert werden.

Nun ist ja für die eigentliche Bildbearbeitung das Schwesterprogramm Corel PHOTO-PAINT zuständig. CorelDRAW verfügt aber über eine Reihe von Filtern, mit denen Sie Fotos, man bezeichnet sie als Bitmaps, künstlerisch bearbeiten können. Die verschiedenen Filter sollten Sie bei Gelegenheit ruhig einmal ausprobieren. Im Folgenden werden Sie anhand eines praktischen Beispiels die grundsätzliche Vorgehensweise beim Einsatz von Filtern lernen. Konkret soll der überaus interessante 3D-Effekt *Seite aufrollen* eingesetzt werden. Dieser Effekt lässt das Foto so erscheinen, als wäre es auf einer Seite aufgerollt. Und wie Sie gleich sehen werden, lassen die zahlreichen Optionen recht unterschiedliche Varianten zu.

Importieren Sie zunächst das Foto über die Importfunktion und platzieren Sie es innerhalb der beiden äußeren Hilfslinien.

Markieren Sie es danach mit dem Hilfsmittel *Auswahl* und rufen dann über *Bitmaps / 3D Effekte / Seite aufrollen* das dazugehörige Dialogfeld auf.

Bevor Sie mit den Einstellungen beginnen, ist es empfehlenswert, dass Sie das Schlosssymbol im Dialogfeld zwischen den Schaltflächen

Vorschau und *Zurücksetzen* anklicken, sodass jede Ihrer Veränderungen direkt angezeigt wird.

Abb. 4.46: Der Effekt *Seite aufrollen* im Einsatz

Zunächst können Sie durch Anklicken des entsprechenden Symbols bestimmen, welche Seite des Fotos aufgerollt wird. Anschließend legen Sie fest, in welche Richtung die Seite aufgerollt werden soll und bestimmen die *Breite* und *Höhe* der aufgerollten Seite über die beiden Schieberegler. Möchten Sie dem *Aufrolleffekt* und/oder dem *Hintergrund* eine andere Farbe geben, wählen Sie sie in den Farbfeldern aus.

Mit *OK* schließen Sie die Arbeiten ab.

Nun fehlt nur noch die vierte Seite, die Sie im nächsten Abschnitt gestalten werden.

Die letzte Seite

Klicken Sie zunächst ein letztes Mal auf das Pluszeichen rechts im Seitenzähler, um die vierte Seite hinzuzufügen.

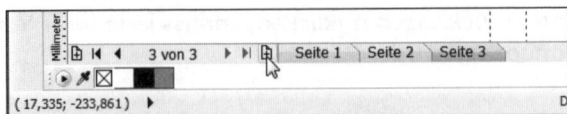

Abb. 4.47: Die (vorerst) letzte Seite einfügen

Das untere Grundelement und den Titel übernehmen Sie – von der zweiten Seite – wieder über die Zwischenablage.

Damit Sie sich ein Bild von der fertigen Seite machen können, vorab eine entsprechende Abbildung:

Abb. 4.48: Die fertige vierte Seite

Die dritte Dimension

Wie Sie sehen, wird der Gewinn mithilfe eines besonderen dreidimensionalen Schriftzugs dargestellt. Derartige plastische Ausformungen werden als *Extrusion* bezeichnet. Gezeichnete Objekte wie auch Texte lassen sich nämlich recht einfach mit dem Hilfsmittel *Extrusion* in dreidimensionale Objekte verwandelt. Dabei projiziert CorelDRAW den Umriss des Objekts vor bzw. hinter das Objekt und die einzelnen Punkte des Objekts bzw. der Projektion werden verbunden und in Flächen umgewandelt. Die Richtung und die Form lassen sich dabei beliebig verändern.

Um einen solchen Schriftzug zu erstellen, aktivieren Sie zunächst das Hilfsmittel *Text* und geben den Schriftzug ein. Dann formatieren Sie ihn mit der Schriftart *Arial*, da damit die Effekte besonders gut zur Geltung kommen. Die Größe des Objekts können Sie hier außer Betracht lassen, da sie später mit dem Auswahlwerkzeug angepasst wird.

Da der Schriftzug etwas schräg stehen soll, muss er noch etwas gedreht werden. Dazu benötigen Sie eine Symbolleiste, die standardmäßig nicht sichtbar ist.

Klicken Sie dazu mit der rechten Maustaste hinter einer der vorhandenen Symbolleisten und wählen Sie im Kontextmenü den Eintrag *Ändern* aus.

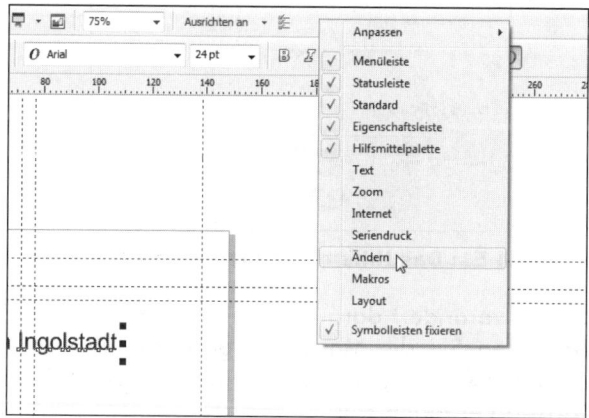

Abb. 4.49: Die Symbolleiste *Ändern* einblenden

Klicken Sie in dieser Symbolleiste in das Feld *Drehwinkel* und geben Sie den Wert 25 ein.

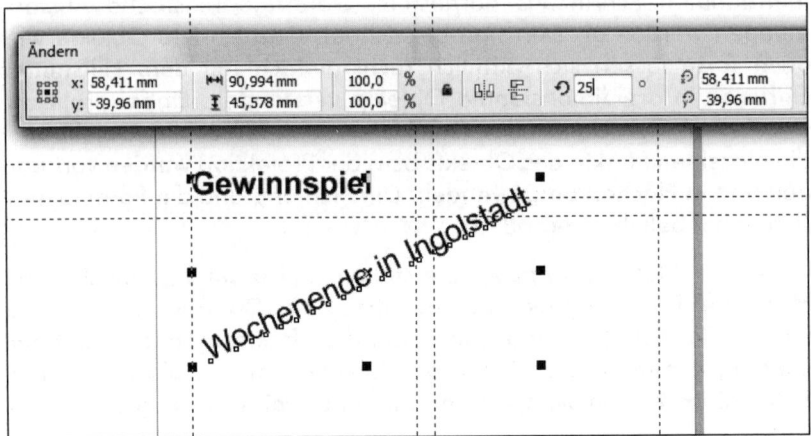

Abb. 4.50: Den Drehwinkel des Objekts festlegen

Nun kommen wir zur eigentlichen Extrusion.

Wählen Sie das Hilfsmittel *Extrusion*.

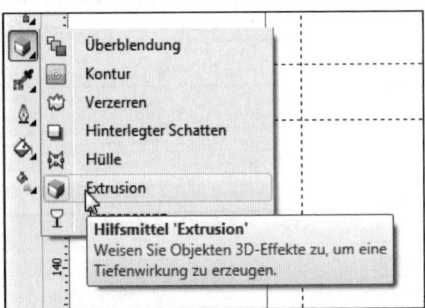

Abb. 4.51: Das Hilfsmittel *Extrusion* aktivieren

Der Mauszeiger verändert daraufhin seine Form. Klicken Sie in das Objekt und halten Sie die Maustaste gedrückt. Bewegen Sie den Mauszeiger nun in Richtung obere linke Seitenecke, da in diese Richtung die Extrusion erfolgen soll.

Wie Sie sicherlich bemerken, erscheint um das Objekt ein Rahmen mit blauen und roten Linien. Entsprechend Ihrer Mausbewegungen wird dieser Rahmen an der kreuzförmigen Markierung, die sich an dem Mauscursor zeigt, verschoben. Diese Markierung stellt den sogenannten Fluchtpunkt dar.

Abb. 4.52: Den Fluchtpunkt der Extrusion festlegen

Lassen Sie die Maustaste los, wenn Sie den gewünschten Endpunkt erreicht haben.

Das Objekt wird nun sofort gemäß Ihren Vorgaben extrudiert. Allerdings wird das Ergebnis sicherlich noch nicht ganz Ihren Vorstellungen entsprechen, da CorelDRAW alles schwarz gefärbt hat und man kaum noch etwas erkennt. Das liegt daran, dass standardmäßig alle projizierten Flächen die Umriss- und Füllattribute des zugrunde liegenden Objekts erhalten. In diesem Fall ist der Text schwarz, sodass das Objekt ebenfalls schwarz ist.

Diesen Missstand werden Sie gleich beheben. Dazu benötigen Sie die Schaltfläche *Farbe*, die Sie in der Eigenschaftsleiste finden.

Es erscheint ein kleines Menü, in dem Sie zunächst mithilfe von drei Schaltflächen einstellen können, ob Sie eine *Objektfüllung*, eine *Volltonfarbe* oder eine *Farbschattierung* anlegen wollen.

Wegen der peppigeren Wirkung sollten Sie sich für letztere Option entscheiden. Wenn Sie auf die Schaltfläche klicken, können Sie anschließend im Farbfeld *Von* die erste Farbe auswählen. Im Farbfeld *Bis* stellen Sie dann die Farbe ein, in die die erste verlaufen soll.

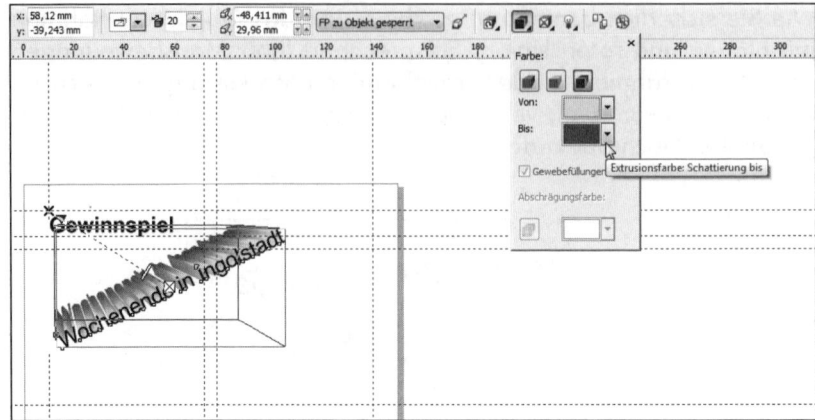

Abb. 4.53: Die Farbe der Extrusion festlegen

Die Extrusion lässt sich nun vielfältig gestalten. So können Sie den Fluchtpunkt verlagern oder über den kleinen rechteckigen Schieberegler, der sich zwischen dem weißen Quadrat und dem Fluchtpunkt befindet, die Extrusionstiefe intuitiv verändern.

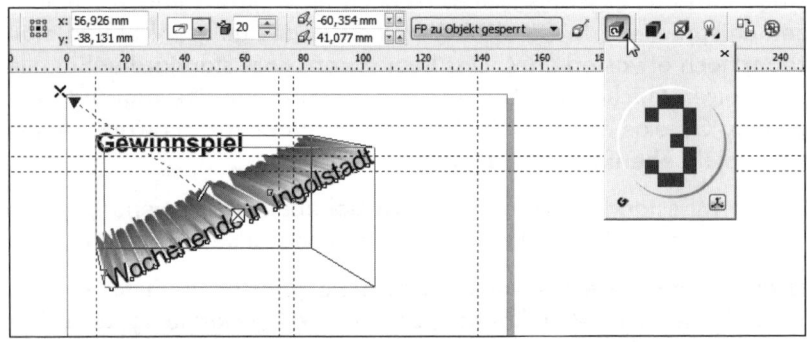

Abb. 4.54: Die Extrusion lässt sich vielfältig gestalten

> **TIPP**
>
> Wenn Sie eine Extrusion aufheben möchten, verwenden Sie den Befehl *Effekte / Extrusion aufheben*.

Das Puzzle

Wie Sie eingangs gesehen haben, besteht das Gewinnspiel aus einem einfachen Puzzle. Dazu werden Sie die PowerClip-Funktion kennenlernen, die es Ihnen ermöglicht, die Form eines Objekts aus einem anderen „auszustanzen". Es entsteht dabei ein neues Objekt, das aus einem Behälter und einer Füllung besteht.

Als Erstes benötigen Sie ein Foto, das Sie über die Importfunktion in die Datei einfügen. Legen Sie es erst einmal außerhalb der Seite auf der Arbeitsfläche ab.

Das Grundgerüst des Puzzles besteht aus einem Rechteck mit den Maßen 45 mal 35 mm.

Klicken Sie auf das Hilfsmittel *Rechteck* und ziehen Sie es in der entsprechenden Größe auf. Dieses Rechteck benötigen Sie insgesamt viermal, sodass Sie es mithilfe der Tastenkombination [Strg] + [C] kopieren und dann dreimal über die Tastenkombination [Strg] + [V] einfügen. Legen Sie zwei der drei neuen Rechtecke auf der Arbeitsfläche ab.

Damit Sie im Folgenden nicht den Überblick verlieren, sollten Sie den Rechtecken, wie auch später den Kreisen, jeweils eine andere Füllfarbe geben.

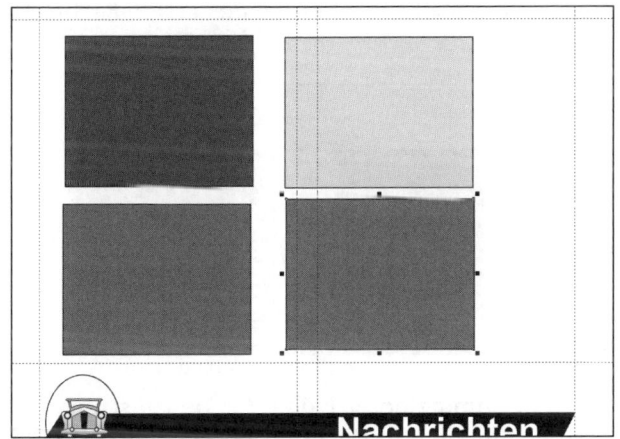

Abb. 4.55: Die Rechtecke liegen parat

Das zweite Rechteck muss zunächst bündig an dem ersten ausgerichtet werden. Bisher haben Sie das mithilfe von Hilfslinien gemacht.

CorelDRAW bietet aber auch eine direkte Möglichkeit, Objekte an bereits gezeichneten Objekten auszurichten. Jedes Objekt verfügt nämlich neben den Anfasspunkten über eine bestimmte Anzahl von sogenannten Fangpunkten. Ähnlich wie Sie es bei den Hilfslinien erlebt haben, rastet beim Verschieben der Fangpunkt des zu verschiebenden Objekts an dem Fangpunkt des bereits platzierten Objekts ein, sobald Sie einen bestimmten Mindestabstand unterschreiten.

Diese Funktion ist allerdings nicht standardmäßig eingeschaltet. Aktivieren Sie sie über *Ansicht / An Objekten ausrichten*.

Klicken Sie auf einen der Fangpunkte.

Das ist jedoch leichter gesagt als getan. Leider zeigt CorelDRAW die Fangpunkte nicht an und Sie können sie nur „erahnen". Die Fangpunkte eines Rechtsecks befinden sich allerdings an den gleichen Positionen wie die Anfasspunkte. Möchten Sie ein Objekt an einem Fangpunkt einrasten, bewegen Sie sich am besten von innen auf den Fangpunkt zu und klicken auf die Umrisslinie des Objekts.

Probieren Sie jetzt einmal, bei dem zweiten Objekt knapp unterhalb der oberen linken Ecke auf den Umriss zu klicken. Halten Sie die Maustaste gedrückt und ziehen Sie das Objekt zu dem gewünschten Fangpunkt des Ausrichtungsobjekts. In unserem Fall ziehen Sie dann das Rechteck auf die obere rechte Ecke des ersten Rechtecks zu.

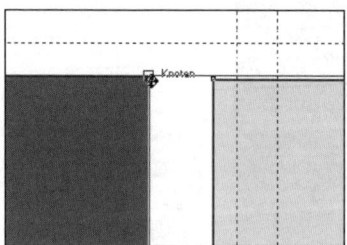

Abb. 4.56: Ein Objekt an einem anderen ausrichten

Wenn Sie sich in unmittelbarer Nähe des gewünschten Fangpunkts befinden, lassen Sie die Maustaste los und das Objekt wird passgenau abgelegt.

Verfahren Sie mit den beiden restlichen Rechtecken ebenso.

Jetzt müssen Sie die Verbindungszapfen für die Puzzlestücke erstellen.

Dazu ziehen Sie mit dem Hilfsmittel *Ellipse* einen Kreis mit einem Durchmesser von 15 mm auf.

Kopieren Sie ihn ebenfalls dreimal und legen Sie die drei Kopien auf der Arbeitsfläche ab. Den ersten Kreis rasten Sie auf den beiden mittleren Fangpunkten der beiden Rechtecke ein.

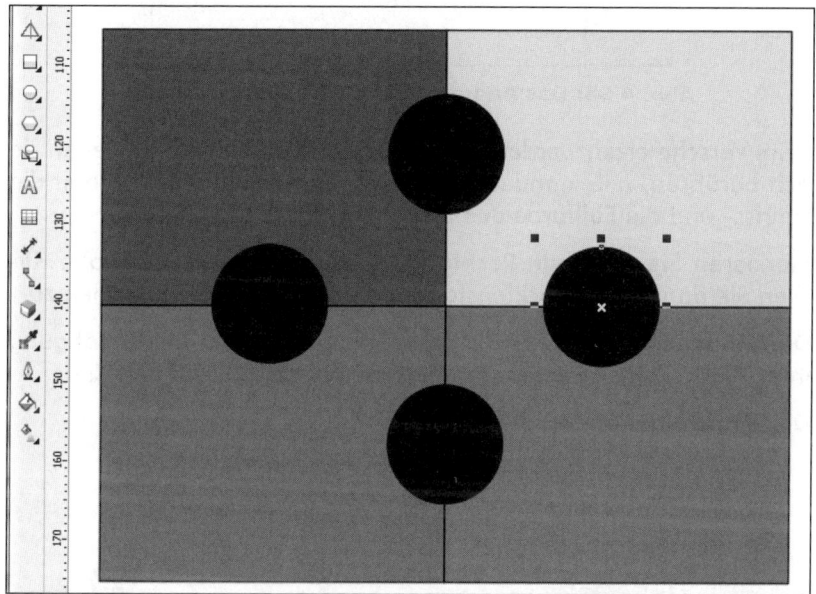

Abb. 4.57: Die platzierten Kreise

Im Folgenden werden Sie sehen, wie man markierte Objekte auf besondere Weise miteinander verbinden bzw. verschmelzen kann.

Alle erforderlichen Werkzeuge erhalten Sie, wenn Sie die Befehlsfolge *Anordnen / Formen / Formen* aufrufen. Auf der rechten Seite öffnet sich das entsprechende Andockfenster.

Im ersten Schritt müssen Sie das erste Rechteck mit dem Kreis verschmelzen, damit ein neues Objekt entsteht. Dies erreichen Sie über den Menüpunkt *Verschmelzen*, da hiermit zwei oder mehr sich überlappende Objekte zu einem Objekt vereint werden.

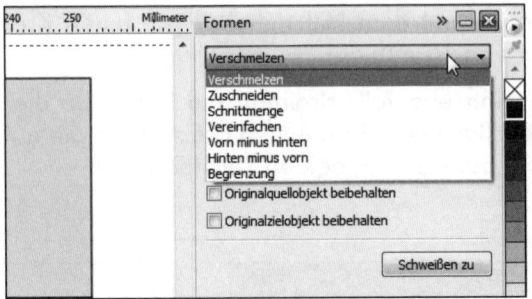

Abb. 4.58: Das Andockfenster fürs Verschmelzen

Beim Verschmelzen werden die Objekte an den Stellen, an denen sie sich berühren, miteinander verbunden. Das neue Objekt erhält die Umriss- und die Füllfarbe des zuletzt markierten Objekts.

Markieren Sie das erste Rechteck mit dem Hilfsmittel *Auswahl*. Klicken Sie dann im Andockfenster auf die Schaltfläche *Schweißen zu*.

Der Mauszeiger erhält ein entsprechendes Symbol als Bestätigung Ihrer Wahl. Zeigen Sie nun mit diesem Mauszeiger auf den Kreis.

Der Mauszeiger ändert innerhalb des Kreises seine Form.

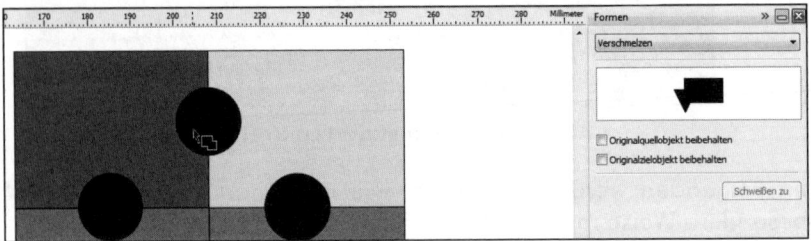

Abb. 4.59: Vor dem Verschmelzen und ...

Klicken Sie auf den Kreis.

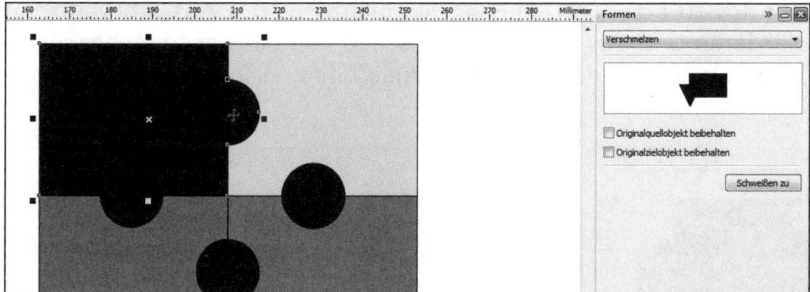

Abb. 4.60: ... nach dem Verschmelzen

Sofort erhalten Sie ein neues Objekt, das die Farbe des Kreises angenommen hat.

In einem zweiten Schritt erfolgt noch das Zuschneiden. Lassen Sie das neu entstandene Objekt markiert.

Wählen Sie im Andockfenster in der Liste den Eintrag *Zuschneiden* aus.

Achten Sie darauf, dass das Kontrollkästchen *Originalquellobjekt beibehalten* aktiviert ist, damit das neue Objekt erhalten bleibt.

Klicken Sie dann auf die untere Schaltfläche *Zuschneiden* und zeigen Sie mit dem veränderten Mauszeiger auf das zweite Quadrat.

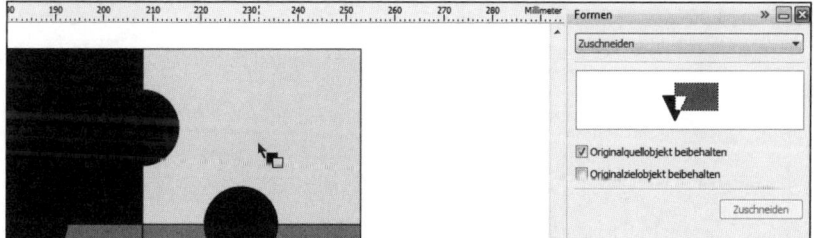

Abb. 4.61: Ein Objekt zuschneiden

Befinden Sie sich über diesem Objekt, klicken Sie. Schon ist das Objekt zugeschnitten.

Publikationen mit CorelDRAW   **167**

Um das zu erkennen, müssen Sie allerdings das Auswahlwerkzeug aktivieren und das Objekt ein bisschen von dem ersten wegziehen. Jetzt müssten Sie deutlich das ausgeschnittene Teil sehen.

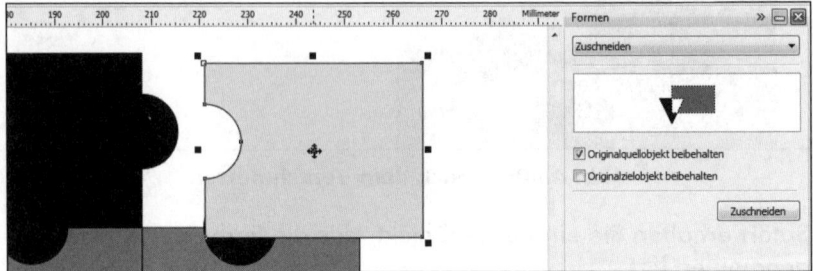

Abb. 4.62: Das zugeschnittene Objekt (zur Demonstration ein bisschen weggeschoben)

Damit kennen Sie alle Schritte, die notwendig sind, das Puzzle fertigzustellen. Führen Sie deshalb diese Schritte auch bei den übrigen Objekten durch.

Wenn Sie fertig sind, muss das Puzzle noch gruppiert werden und von der Farbe befreit werden. Klicken Sie dazu in das obere Farbfeld der Farbpalette, um die Füllungen zu entfernen.

Danach sollte sich Ihnen folgendes Bild bieten:

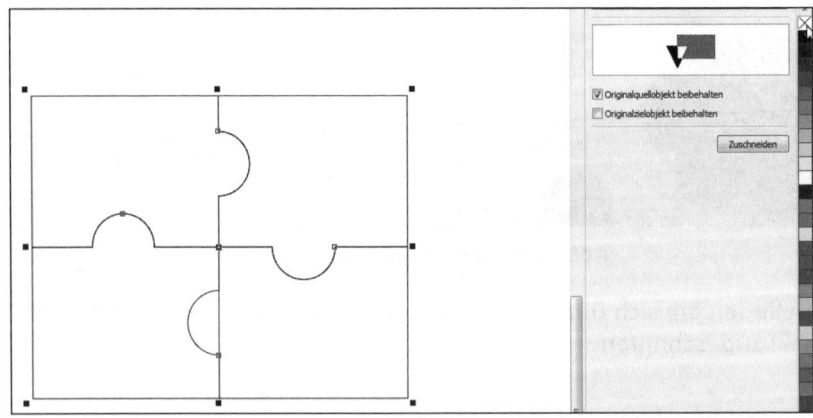

Abb. 4.63: Das fertig gruppierte Grundgerüst des Puzzles

Nun kommt sozusagen der krönende Abschluss Ihres Puzzles.

Importieren Sie das Bild, das Sie für das Puzzle verwenden möchten. Markieren Sie die Grafik, die sich im Moment noch auf der Arbeitsfläche befindet. Rufen Sie dann die Befehlsfolge *Effekte / PowerClip / In Behälter platzieren* auf.

Der Mauszeiger nimmt daraufhin die Form eines dicken schwarzen Pfeils an.

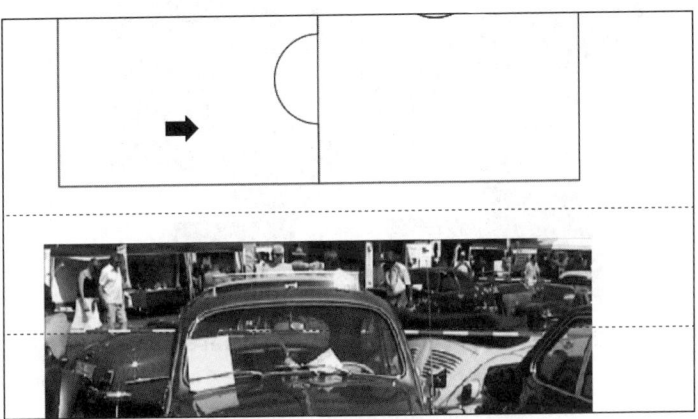

Abb. 4.64: Es kann losgehen!

Zeigen Sie mit diesem Pfeil auf das Grundgerüst des Puzzles und klicken Sie.

CorelDRAW platziert daraufhin das zuerst markierte Objekt, also das Foto, in dem Grundgerüst des Puzzles, das als Behälter bezeichnet wird. Dabei werden nur die Teile angezeigt, die von dem Behälter überlagert werden.

TIPP

Sollte zunächst nichts zu sehen sein, rufen Sie die Befehlsfolge *Effekte / PowerClip / Inhalt bearbeiten* auf und ziehen das Foto auf das Puzzlegrundgerüst. Danach rufen Sie die Befehlsfolge *Effekte / PowerClip / Bearbeitung dieser Ebene beenden* auf; dann sollte das Foto zu sehen sein.

Publikationen mit CorelDRAW

Klicken Sie abschließend auf die Schaltfläche *Gruppierung aufheben*, die Sie in der Eigenschaftsleiste finden.

Danach können Sie das erste Puzzleteil mithilfe des Auswahlwerkzeugs herausziehen.

Abb. 4.65: Dann puzzeln Sie mal schön!

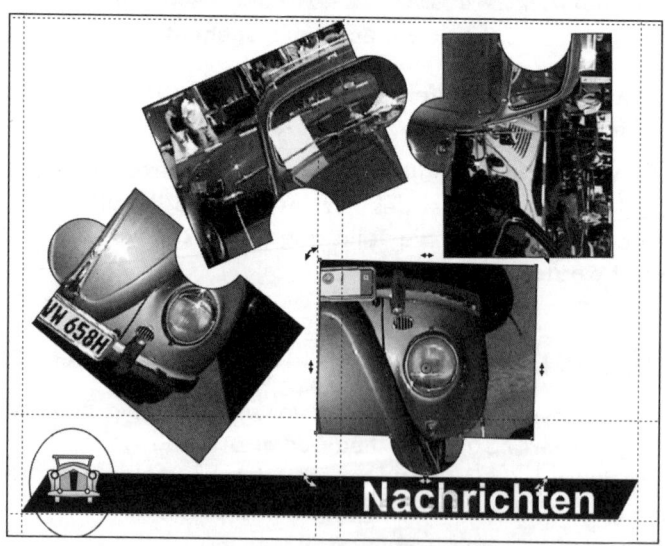

Abb. 4.66: Die Puzzleteile anordnen

Ziehen Sie auch noch die restlichen Puzzleteile aus dem Verbund heraus und verteilen Sie sie so, dass man nicht auf den ersten Blick erkennt, was sie darstellen. Dabei können Sie beispielsweise auch auf eines der Teile klicken und so in den Drehmodus schalten.

Der Gewinnspieltext mit Hülle

Jetzt fehlt nur noch der Text, der verrät, was eigentlich als Gewinn ausgelobt wird. Dieser Text befindet sich in einem Mengentextobjekt. Bisher haben Sie lediglich die Grundform des Objekts über die Anfasspunkte verändert. Ein Objekt kann aber auch durch Verformung seiner Hülle verändert werden. So lassen sich recht interessante Texteffekte gestalten.

Aktivieren Sie das Hilfsmittel *Text* und ziehen Sie einen entsprechenden Rahmen auf. Weisen Sie die Schriftart *Times New Roman* in der Größe *12 pt* zu.

Geben Sie dann folgenden Text ein:

Hallo Freunde,

dieses Mal haben wir für Euch einen besonders schönen Gewinn gefunden.

Setzt einfach das Puzzle zusammen und sagt uns, welches Auto abgebildet ist. Schreibt die Lösung auf eine Postkarte und schickt sie an folgende Adresse:

Oldtimerfreunde Osthessen e.V., Kennwort Gewinnspiel, Lokschuppen 1, 36043 Fulda

Aktivieren Sie im Anschluss das Hilfsmittel *Hülle*.

Wenn Sie damit das Textobjekt markieren, erscheint es in einem rot gestrichelten Rahmen mit acht sogenannten Steuerpunkten.

Wählen Sie als Nächstes in der Eigenschaftsleiste über die Schaltflächen den gewünschten Hüllenmodus aus. Es stehen der *Geraden-Modus*, der *Einzelbogen-Modus*, der *Doppelbogen-Modus* und der *Uneingeschränkte Modus* zur Auswahl.

Klicken Sie hier auf die Schaltfläche *Geraden-Modus*, da das Mengentextobjekt an die Unterkante des Extrusionsobjekts angepasst werden soll.

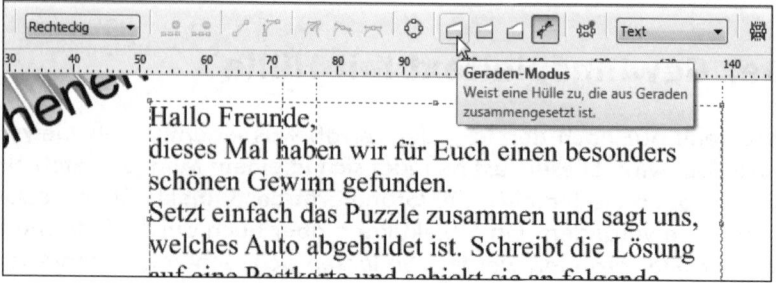

Abb. 4.67: Wahl einer Hülle

Mit dem veränderten Cursor klicken Sie die entsprechenden Steuerpunkte an und verändern deren Position so, dass sie parallel zur Unterkante des Extrusionsobjekts verlaufen.

Im gleichen Maß, wie Sie die Hülle ändern, ändert sich auch die Form des Objekts und der Text passt sich gleichfalls an.

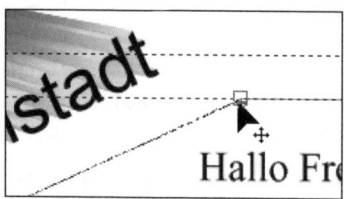

Abb. 4.68: Die Hülle anpassen

Ausdruck

Um den Ausdruck zu starten, rufen Sie die Befehlsfolge *Datei / Drucken* auf, um zu dem gleichnamigen Dialogfeld zu gelangen.

> **TIPP**
>
> Sie können auch ein PDF erstellen. Dazu müssen Sie lediglich die Befehlsfolge *Datei / Als PDF freigeben* aufrufen und einen Speicherort festlegen.

Auf der rechten Seite finden Sie eine Druckvorschau. Zunächst präsentiert sich Ihnen Ihre Zeitschrift mit dem Blick auf die Seiten 4 und 1, denn die Druckvorschau zeigt Ihnen die Vorderseite der zu bedruckenden DIN-A4-Seite. Möchten Sie die Seiten 2 und 3 betrachten, müssen Sie auf den kleinen nach rechts weisenden Pfeil klicken.

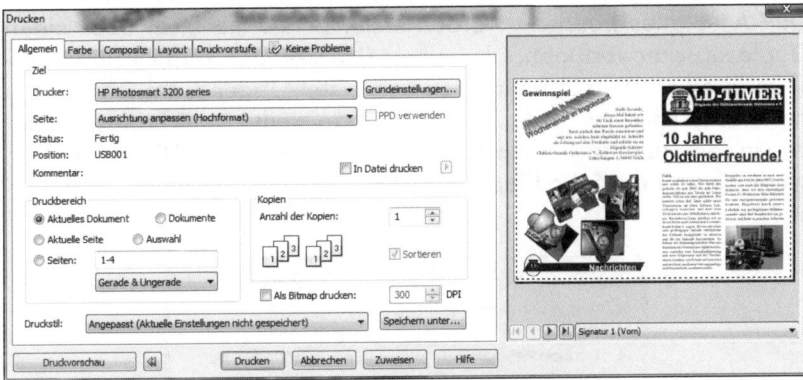

Abb. 4.69: Der Druckendialog

Gegebenenfalls können Sie noch Angaben zum *Drucker* oder *Druckbereich* machen. Ist alles in Ordnung, setzen Sie noch einen Klick auf die Schaltfläche *Drucken*, um den Ausdruck zu starten.

Passt beispielsweise eine Seite nicht richtig auf das Papier, können Sie diesen Fehler hier ebenfalls beheben.

Auf der Registerkarte *Layout* finden Sie die Schaltfläche, um die *Bildposition und -größe* zu beeinflussen.

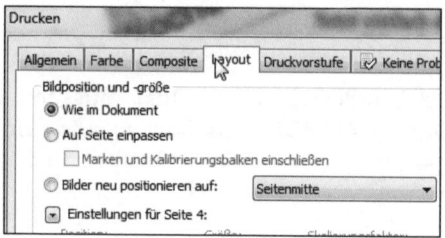

Abb. 4.70: Die Druckausgabe korrigieren

Duplexdruck

Die Zeitschrift wurde so angelegt, dass Vorder- und Rückseite eines DIN-A4-Blattes bedruckt werden sollen. Falls Sie nicht über einen Duplexdrucker verfügen, also einen Drucker, der Vorder- und Rückseite in einem Rutsch bedrucken kann, stellt Ihnen CorelDRAW eine praktische Hilfe zur Seite. Das Programm stellt nämlich diese Tatsache automatisch fest und präsentiert Ihnen folgendes Hinweisfenster, wenn Sie auf die Schaltfläche *Drucken* klicken.

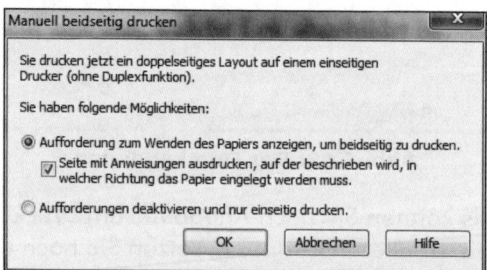

Abb. 4.71: CorelDRAW hilft Ihnen beim beidseitigen Drucken.

Wenn Sie die vorgegebene Einstellung belassen, startet der sogenannte *Corel-Assistent für den manuellen Duplexdruck*. Es handelt sich dabei um eine Abfolge von Fenstern, denen Sie einfach folgen müssen, um einen einwandfreien beidseitigen Druck zu erhalten.

Zunächst testet der Assistent Ihren Drucker und Sie müssen ein paar Fragen beantworten. Danach druckt er eine Testseite aus, die Ihnen das weitere Vorgehen beim Drucken von zweiseitigen Dokumenten erklärt.

Hat alles beim Test erfolgreich funktioniert, können Sie dann den endgültigen Druck starten.

Der Assistent bedruckt die erste Seite mit den Seiten 2 und 3 und fordert Sie dann auf, diese Seite entsprechend den Anweisungen wieder in Ihren Drucker einzulegen.

Wenn Sie dem nachgekommen sind, klicken Sie noch auf die Schaltfläche *Fortfahren* und nach ein paar Minuten können Sie Ihre komplette Zeitschrift in den Händen halten.

Seitensortierungsansicht

Vielleicht kommt Ihnen nach dem Ausdruck (oder schon vorher) der Wunsch, die eine oder andere Seite umzustellen. Auch hier stellt Ihnen das Programm ein interessantes Hilfsmittel zur Seite, das Sie über die Befehlsfolge *Ansicht / Seitensortierungs-Ansicht* aufrufen können.

Hier finden Sie alle Ihre Seiten in der momentanen Reihenfolge dargestellt.

Um eine Seite an eine andere Stelle zu platzieren, klicken Sie auf die betreffende Seite und ziehen sie einfach an die neue Position.

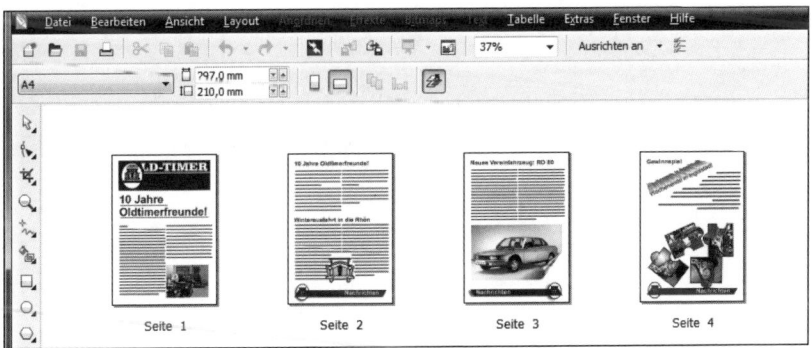

Abb. 4.72: Schnell mal die Seiten umstellen

Möchten Sie eine Seite, etwa als Grundlage für eine neue, kopieren, ziehen Sie sie mit der rechten Maustaste an die gewünschte Position. Dort lassen Sie die rechte Maustaste los und wählen im Kontextmenü den Eintrag *Hierher kopieren*.

Wenn Sie zu der normalen Ansicht zurückkehren wollen, doppelklicken Sie einfach auf eine Seite bzw. rufen die Befehlsfolge erneut auf.

5 Webdesign mit Corel Website Creator

Ziel

⇨ Die Fähigkeiten des Corel Website Creator einschätzen
⇨ Assistentengesteuert einen eigenen kleinen Internetauftritt erstellen und anpassen

Schritte zum Erfolg

⇨ Einen kleinen Internetauftritt mithilfe des Assistenten erstellen
⇨ Einzelne Seiten anpassen
⇨ Die Publikation veröffentlichen

Sie wollten schon immer mal Ihren Internetauftritt angehen und haben die Mühen gescheut? Dann sollten Sie einmal den neuen Corel Website Creator ausprobieren. Sie werden überrascht sein, wie einfach es ist, einen eindrucksvollen Internetauftritt anzulegen. Auch wenn es auf den ersten Blick nicht danach aussieht; das Programm ist sehr mächtig und erfordert weiteres Wissen, das Ihnen dieses Buch angesichts des Umfangs nicht darlegen kann.

Eine Site erstellen

Starten Sie *Corel Website Creator* entweder durch einen Doppelklick auf das Desktopsymbol oder durch Aufruf des betreffenden Eintrags im Windows-Startmenü.

Die Programmoberfläche wird angezeigt und Sie erhalten drei Optionen zum Erstellen einer neuen Site.

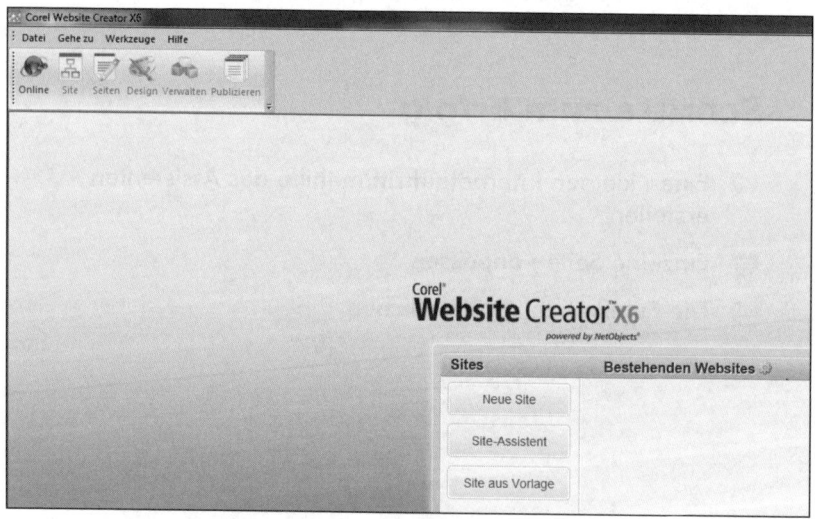

Abb. 5.1: Eine neue Site anlegen

Im Bereich *Sites* können Sie auswählen:

⇨ *Neue Site:* Über diese Schaltfläche erstellen Sie eine Site von Grund auf selbst. Allerdings setzt diese Vorgehensweise ein wenig Kenntnisse im Webdesign und im Umgang mit Internetseiten im Allgemeinen voraus.

⇨ *Site-Assistent:* Der Site-Assistent ist der ideale Startpunkt, wenn Sie noch nie eine eigene Homepage erstellt haben oder möglichst ohne größeren Aufwand eine eindrucksvolle Site erstellen möchten.

⇨ *Site aus Vorlage:* Hier finden Sie fertige Sites, die Sie an Ihre Bedürfnisse anpassen können.

Site-Assistent

Um das Programm kennenzulernen, ist der Site-Assistent das profanste Mittel. Sie werden hier am schnellsten einen Einblick in die Leistungsfähigkeit dieses Programms bekommen.

Klicken Sie auf die Schaltfläche *Site-Assistent*, um zu beginnen.

Sie erhalten das erste von drei Fenstern. Im Fenster *Schritt 1* müssen Sie sich zunächst für das grundlegende Aussehen Ihrer Site entscheiden.

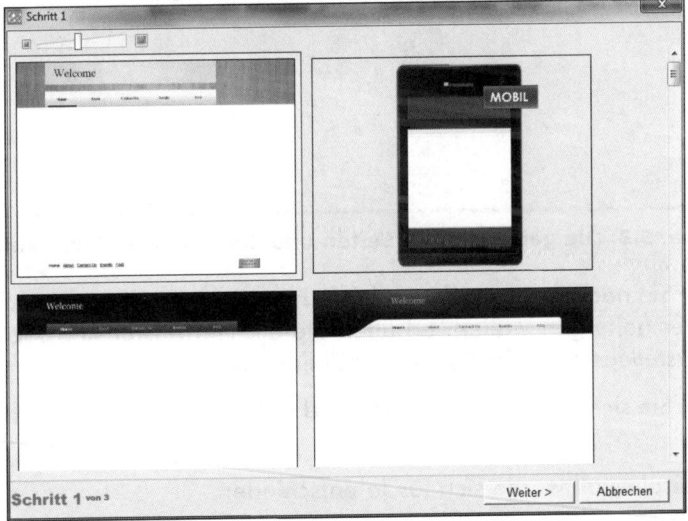

Abb. 5.2: **Wählen Sie die Vorlage**

Über den Regler am oberen linken Rand können Sie die Vorschauen zum Betrachten vergrößern und für den Überblick verkleinern.

Wie Sie sehen, befinden sich hier auch Grundgerüste für den mobilen Einsatz auf einem Smartphone.

Nachdem Sie das Gerüst gewählt haben, klicken Sie auf *Weiter*, um zum Fenster *Schritt 2* zu gelangen.

In diesem können Sie die gewünschten Seiten aktivieren und deren Aussehen festlegen. Dazu stehen Ihnen im Regelfall vier Layoutvarianten zur Auswahl, die Sie einfach anklicken.

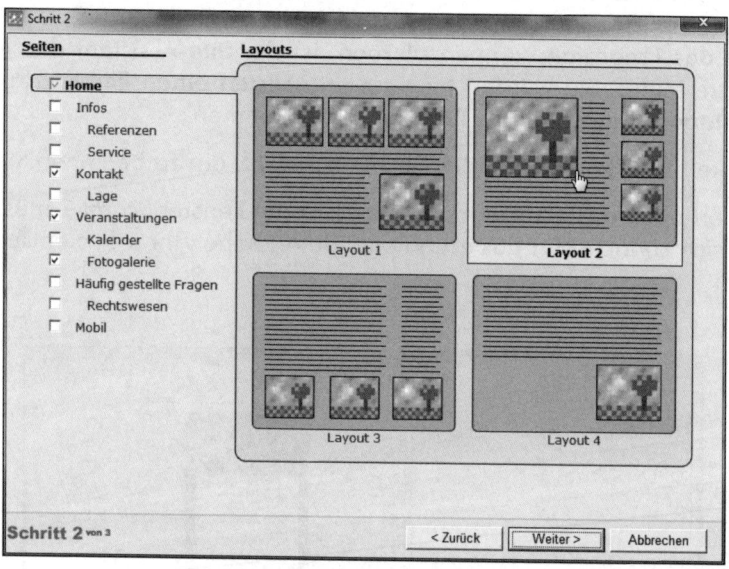

Abb. 5.3: Die gewünschten Seiten und deren Layout bestimmen

Wenn Sie nach der grundlegenden Auswahl mit *Weiter* zum nächsten Fenster gelangen wollen, erhalten Sie ein Hinweisfenster bezüglich des *Erstellens eines Profils* (siehe Abbildung 5.4).

Lesen Sie sich die Hinweise durch und treffen Sie dann Ihre Entscheidung.

Im Beispielsfall wurde sich für *Ja* entschieden.

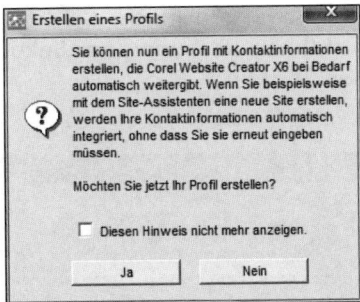

Abb. 5.4: Möchten Sie ein Profil erstellen?

Im dritten Schritt können Sie dann eine Reihe von optionalen Informationen eingeben. Sind Sie damit fertig, schließen Sie das Fenster mit einem Klick auf *Beenden*.

Sie erhalten das Dialogfeld *Site speichern unter*.

Legen Sie hier den Speicherort fest und vergeben Sie einen Dateinamen für die Site.

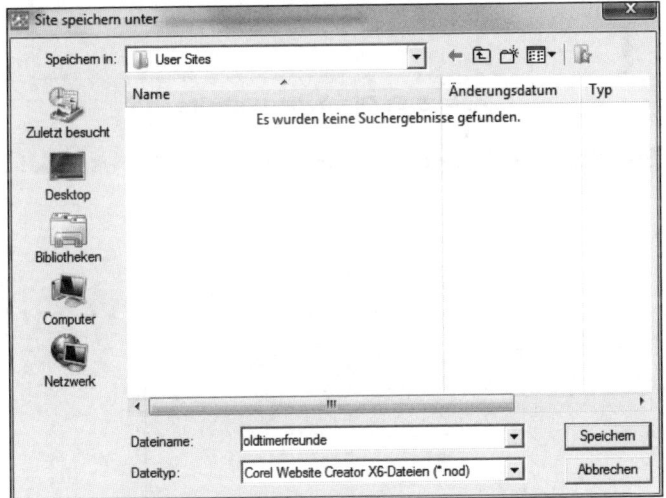

Abb. 5.5: Den Sitespeicherort festlegen

Nach einem Klick auf *Speichern* macht sich das Programm an die Arbeit und präsentiert Ihnen nach ein paar Sekunden die neue Site, genauer gesagt deren Struktur.

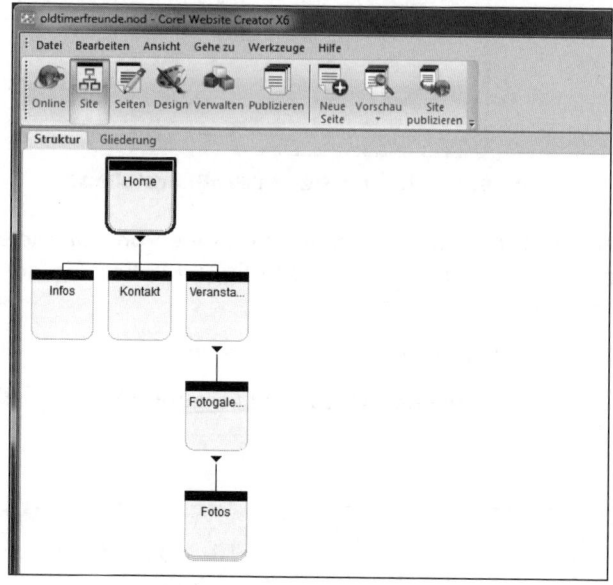

Abb. 5.6: Die neue Website

Wenn Sie die neue Site schon einmal in Ihrem Browser betrachten wollen, klicken Sie auf *Vorschau*.

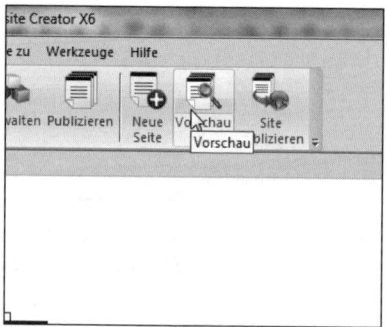

Abb. 5.7: Die Vorschau starten

Der Corel Website Creator startet Ihren Browser und präsentiert Ihnen den gegenwärtigen Stand des Webauftritts.

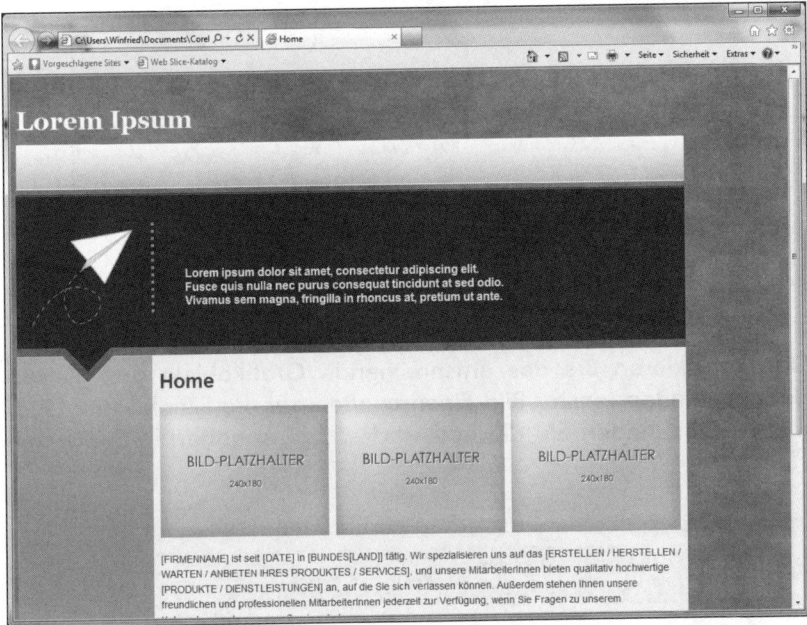

Abb. 5.8: Der gegenwärtige Stand der Site im Browser

Wie Sie bemerken, funktionieren schon die Hyperlinks und Sie können von Seite zu Seite wechseln.

Site anpassen

Im Folgenden werden Sie sehen, wie man rasch die vorhandenen Platzhalter gegen eigene austauschen kann.

Um die Texte auszutauschen, genügt es, in einen Textkörper einen Doppelklick zu setzen und den so markierten Text einfach zu überschreiben.

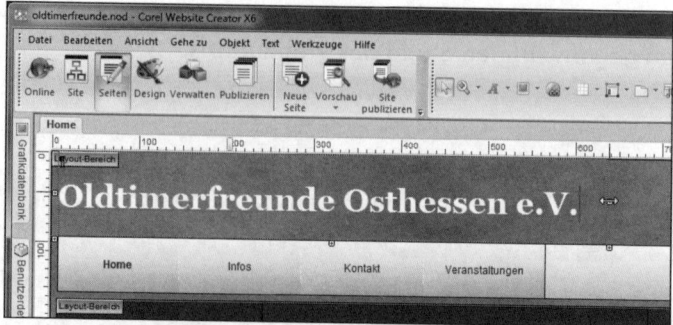

Abb. 5.9: Einfach den Vorgabetext überschreiben

Möchten Sie die Grafiken austauschen, so ist es sinnvoll, zunächst deren Abmessungen zu ermitteln.

Dazu markieren Sie das entsprechende Grafikobjekt und klicken dann im Andockfenster *Bild-Eigenschaften* auf die Schaltfläche *Geometrie*. Dort finden Sie die entsprechenden Angaben in *Breite* und *Höhe*.

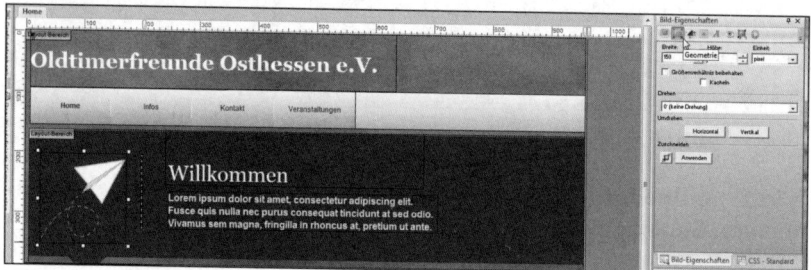

Abb. 5.10: Die Abmessungen der Bilder ermitteln

Auf diese Weise können Sie beispielsweise die Größe des Logos, das Sie mit CorelDRAW erstellt haben, dementsprechend anpassen.

> **TIPP**
>
> Sie tun sich gewiss leichter, wenn Sie in CorelDRAW die Skala auf Pixel umschalten. Dazu genügt ein Doppelklick auf das Lineal, anschließend können Sie im Dialogfeld *Optionen* im Bereich *Einheiten* die entsprechende Einstellung vornehmen.

Anschließend exportieren Sie in CorelDRAW noch das Logo mithilfe der Befehlsfolge *Datei / Für das Web exportieren* in Ihren Materialordner.

TIPP

Damit Sie später alle erforderlichen Dateien zusammenhaben, sollten Sie einen eigenen Ordner für die Bilder Ihrer Website einrichten.

Klicken Sie dann im Andockfenster *Bild-Eigenschaften* auf die Schaltfläche *Durchsuchen* und stellen Sie den Speicherort des Logos ein.

Abb. 5.11: Die Datei austauschen

Abschließend klicken Sie auf *Öffnen* und schon wird das Logo platziert.

Abb. 5.12: Das platzierte Logo

Das Bestücken der vorhandenen Bildplatzhalter geht noch einfacher vonstatten.

Diese Platzhalter enthalten bereits Angaben zu den benötigten Abmessungen, sodass Sie die Bilder in Corel PHOTO-PAINT bereits mithilfe des Dialogfeldes *Bild neu aufbauen* (über das Menü *Bild* aufrufen) in der erforderlichen Größe abspeichern können.

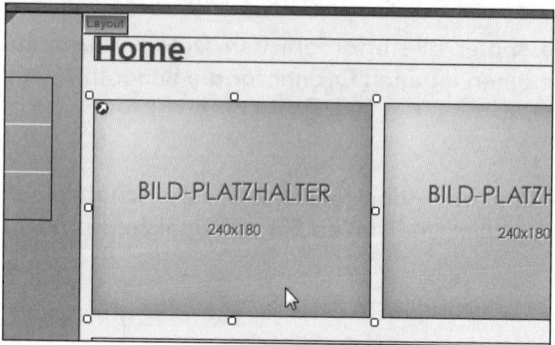

Abb. 5.13: Ein Bildplatzhalter

Führen Sie einen Doppelklick auf dem Platzhalter aus und stellen Sie dann den Speicherort des gewünschten Bildes ein. Nach einem Klick auf *Öffnen* wird das Bild sofort eingefügt.

Abb. 5.14: Das platzierte Bild

Auf diese Weise füllen Sie alle Platzhalter mit den gewünschten Elementen. Elemente, die Sie nicht benötigen, können Sie einfach nach dem Markieren mit der Taste [Entf] löschen.

Site publizieren

Irgendwann kommt der große Moment, dass die Homepage online gestellt, also publiziert, werden soll.

Zunächst müssen Sie die Einstellungen für das Publizieren vornehmen. Dabei unterscheidet man zwischen einer lokalen Publizierung und einer globalen Publizierung.

Ersteres bedeutet, dass auf Ihrem Computer ein Ordner erstellt wird und in diesem sozusagen der Internetauftritt simuliert wird. Diese Einstellung ist bereits vom Programm durchgeführt worden und Sie müssen hier nichts mehr tun.

Möchten Sie die Seiten auf Ihrem Webspace veröffentlichen, klicken Sie auf die Schaltfläche *Publizieren* und dann auf *Einstellungen*.

Im Dialogfeld *Publizierungseinstellungen* klicken Sie auf die Schaltfläche *Neu*. Nun können Sie im Bereich *Attribut* die entsprechenden Einstellungen vornehmen.

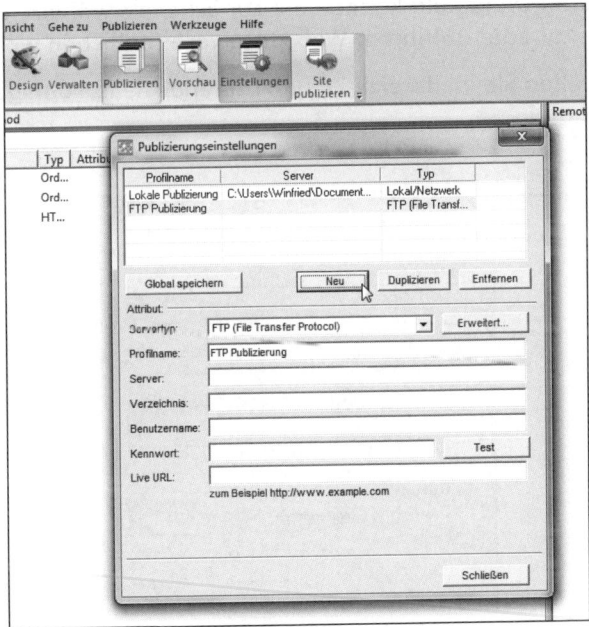

Abb. 5.15: Die Publizierungseinstellungen

Tragen Sie in das Feld *Server* einen Namen, beispielsweise Remote Server, ein, mit dem Sie den Zugang aufrufen können.

Im Regelfall müssen Sie im Feld *Benutzername* Ihr Zugangspasswort eintragen, mit dem eine Verbindung zum FTP-Server hergestellt wird. Und damit Sie sich ausweisen können, kommt in das Feld *Kennwort* noch das entsprechende Passwort. Dann sollte im Feld *Live URL* die Adresse eingetragen werden, an die Sie die Daten für die Website übertragen wollen. Also beispielsweise *www.oldtimerfreunde.de*.

TIPP

Schauen Sie in den Unterlagen Ihres Providers nach, bei dem Sie den Webspace gemietet haben, welche Angaben bei ihm erforderlich sind.

Das eigentliche Veröffentlichen erfolgt nach einem Klick auf die Schaltfläche *Site publizieren*.

Im folgenden Dialogfeld können Sie zunächst auswählen, ob Sie die Dateien lokal oder auf Ihrem Webspace veröffentlichen wollen.

Danach stellen Sie im Bereich *Zu publizierende Seiten* den gewünschten Umfang ein.

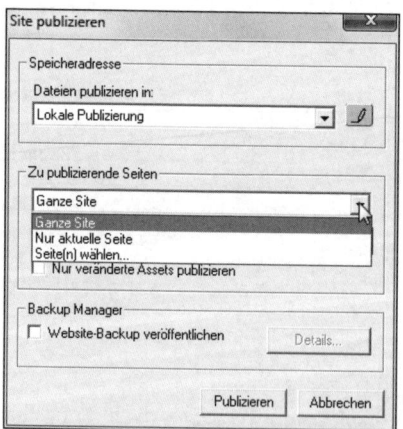

Abb. 5.16: Die Angaben für die Publikation

Mit einem Klick auf *Publizieren* starten Sie den Vorgang.

Die Seiten werden generiert und nach Abschluss wird Ihnen das Ergebnis in Ihrem Browser gezeigt.

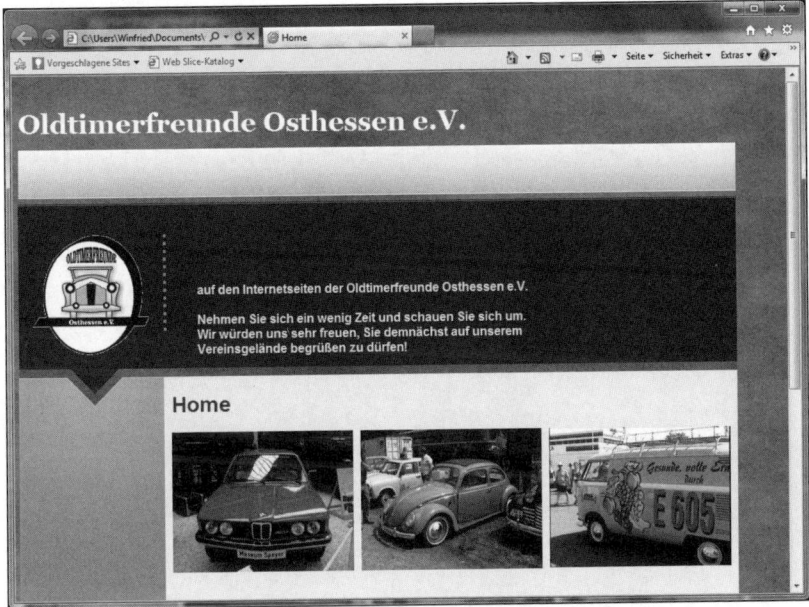

Abb. 5.17: Die „fertige" Website im Browser

6 Verwaltungsarbeiten

Ziel

▷ Erfassen von Bildschirmausschnitten
▷ Sicherer Umgang mit Bildern und Grafik
▷ Einsatz vorgefertigter Vorlagen

Schritte zum Erfolg

▷ Corel CAPTURE im konkreten Einsatz kennenlernen
▷ Mit Corel CONNECT die Bilder und Grafiken geschickt verwalten
▷ Mit dem Font Navigator die richtige Schrift finden
▷ Auswahl einer mitgelieferten Vorlage für einen Prospekt

Bislang haben Sie die beiden Hauptprogramme der Suite kennengelernt. Mit an Bord sind aber noch weitere Programme, die mehr als einen Blick wert sind. Corel Website Creator haben Sie bereits im vorhergehenden Kapitel kennengelernt. In diesem Kapitel sehen wir uns noch das Screenshot-Programm Corel CAPTURE, das Verwaltungsprogramm Corel CONNECT sowie das Fontverwaltungstool Font Navigator an. Ferner erfahren Sie, wie man mithilfe der Vorlagen rasch recht komplexe Publikationen erstellen kann.

Corel CAPTURE

Corel CAPTURE kommt immer dann zum Einsatz, wenn es um das Erfassen von Screenshots geht. Das Bildschirmfoto kann direkt gespeichert, in die Zwischenablage kopiert, an ein anderes Programm gesendet oder direkt auf dem Drucker ausgegeben werden.

Einstellungsarbeiten

Nachdem Sie das Programm gestartet haben, können Sie zunächst den *Erfassungstyp* festlegen. Über das Listenfeld *Fenster erfassen* legen Sie fest, welcher Ausschnitt des Bildschirms erfasst werden soll.

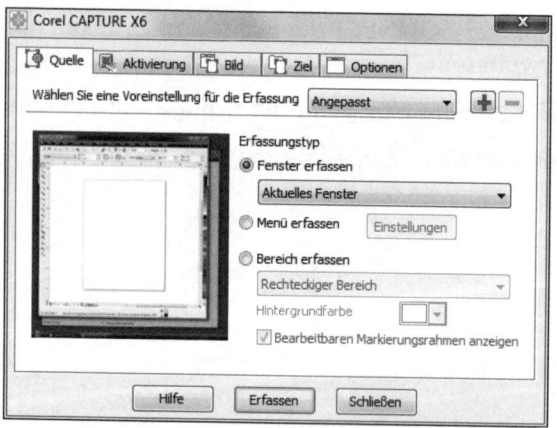

Abb. 6.1: Corel CAPTURE

Sie können neben dem *Aktuellen Fenster* auch das *Client-Fenster*, eine *Animation*, den *Ganzen Bildschirm* sowie das *Aktuelle Objekt* mit oder ohne Rahmen erfassen.

Besonders interessant ist die Möglichkeit *Menü erfassen*, mit der Sie Programmmenüs fotografieren können. Und schließlich sind neben der Erfassung von einzelnen Programmfenstern auch voreingestellte Bereiche und sogar benutzerdefinierte Formen möglich.

Über die Optionen der Registerkarte *Ziel* können Sie festlegen, ob der Screenshot direkt in die Zwischenablage kopiert, an ein anderes Programm gesendet oder direkt auf dem Drucker ausgegeben werden soll.

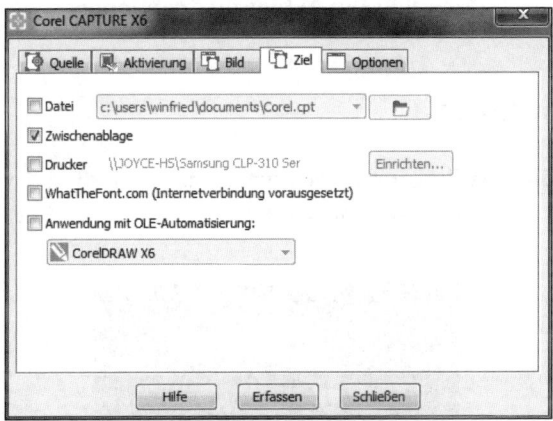

Abb. 6.2: Wo soll der Screenshot gespeichert werden?

Die Screenshot-Erfassung erfolgt über einen frei definierbaren Tastaturbefehl, den Sie auf der Registerkarte *Aktivierung* festlegen. Wird dieser gedrückt, wird das Bildschirmfoto sofort – oder nach einer einstellbaren Wartezeit – angefertigt und in die Zwischenablage kopiert, in eine Datei geschrieben oder an eine (auf der Registerkarte *Ziel* angegebene) Anwendung übergeben. An dieser Stelle können Sie auch festlegen, ob dabei der Cursor miterfasst werden soll.

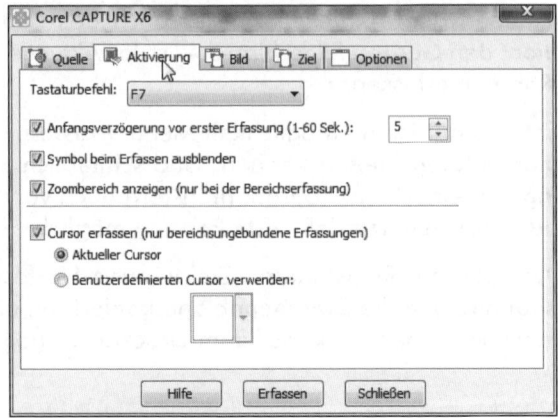

Abb. 6.3: Die Aktivierungsoptionen

Arbeitsweise

Nachdem Sie das Programm gestartet haben, liegt es „wartend" im Infobereich der Windows-Taskleiste.

Abb. 6.4: Corel CAPTURE auf der Lauer

Wenn Sie anschließend den festgelegten Tastaturbefehl auslösen, wird der Bildschirm nach der voreingestellten Wartezeit fotografiert und – sofern eingestellt – im Schwesterprogramm Corel PHOTO-PAINT geöffnet.

Nun können Sie das Bildschirmfoto für Ihre Zwecke weiterbearbeiten.

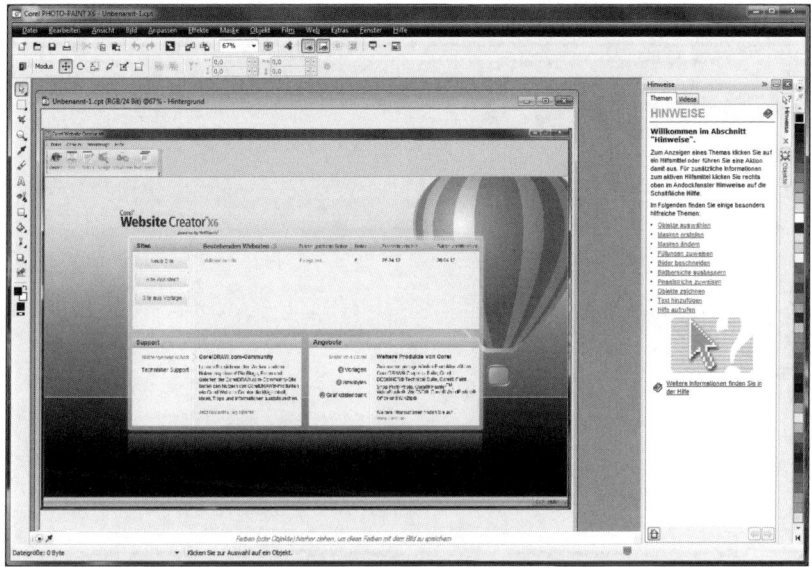

Abb. 6.5: Ein Screenshot von Corel Website Creator in Corel PHOTO-PAINT

Corel CONNECT

Möchten Sie schnell auf alle benötigte Grafiken, Bilder, Vorlagen oder Schriften zugreifen? Dann steht Ihnen der integrierte Vollbildbrowser Corel CONNECT zur Verfügung, der Sie bei der Verwaltung der digitalen Inhalte auf Ihrem Computer unterstützt, mit dem Sie über auch ein lokales Netzwerk schnell nach passenden Designelementen durchsuchen können (siehe Abbildung 6.6).

Die Arbeitsweise ähnelt dem Windows-Explorer. So können Sie entweder Ordner durchsuchen oder nach bestimmten Begriffen suchen.

Auf der linken Seite finden Sie die Bereiche *Bibliotheken*, *Bevorzugte Ordner* und *Ordner*.

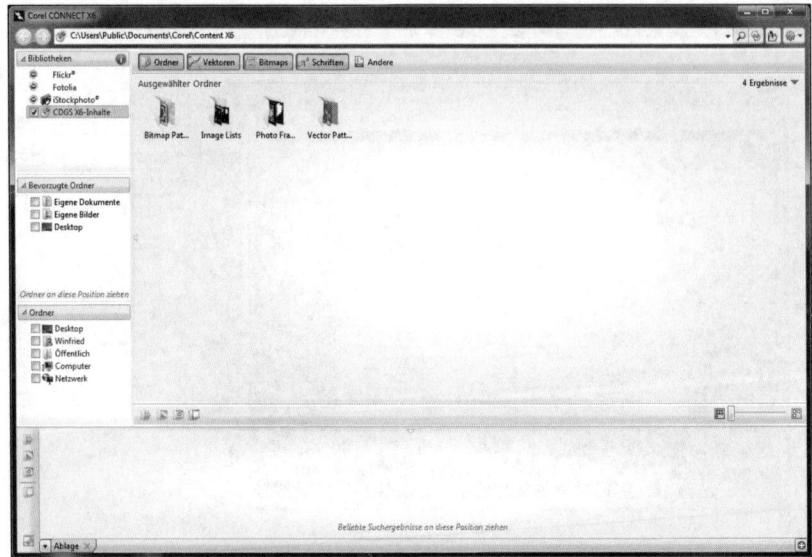

Abb. 6.6: Corel CONNECT nach dem Start

Möchten Sie einmal sehen, welche Grafiken so mitgeliefert werden, klicken Sie auf den kleinen Pfeil vor *CDGS X6-Inhalte*, um die Unterordner zu öffnen. Sie sehen nun eine Reihe von Unterordnern, die thematisch benannt sind. Möchten Sie den Inhalte eines Ordners betrachten, klicken Sie auf das Ordnersymbol vor der Bezeichnung, wonach Ihnen im rechten Bereich die einzelnen Grafiken in einer Vorschau angezeigt werden (siehe Abbildung 6.7).

Diese Vorschauen können Sie über den Schieberegler vergrößern. Soll es eine einzelne Grafik sein, fahren Sie mit dem Mauszeiger darüber und halten einen Moment inne. Sie erhalten dann eine vergrößerte Vorschau mit Namens- und Größenangabe (siehe Abbildung 6.8).

Alternativ können Sie sich auch für eine Internetbibliothek entscheiden. Es erscheint im Folgenden zunächst ein entsprechendes Hinweisfenster, da diese Bibliothek erst aktiviert werden muss.

Klicken Sie auf *OK*, wenn Sie mit dem Prozedere einverstanden sind (siehe Abbildung 6.9).

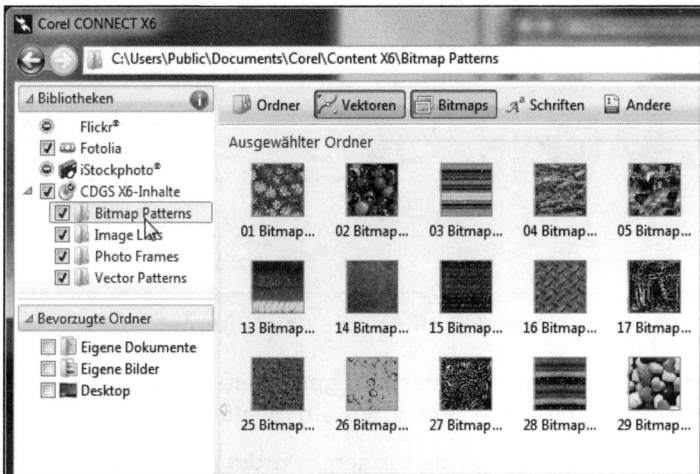

Abb. 6.7: Vorschau auf vorhandene Grafiken

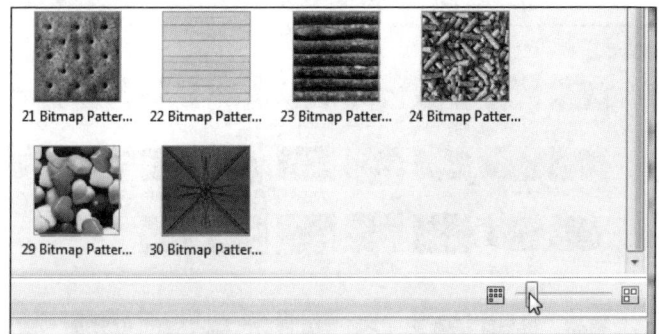

Abb. 6.8: Die Vorschau über den Schieberegler vergrößern

> **TIPP**
>
> Achten Sie bei einem Einsatz solcher Bilder auf die rechtlichen Voraussetzungen. Im Regelfall dürfen Sie die Bilder im privaten Bereich lizenzfrei verwenden. Beim geschäftlichen Einsatz sollten Sie sich dagegen absichern, um keine unliebsame Überraschung zu erleben.

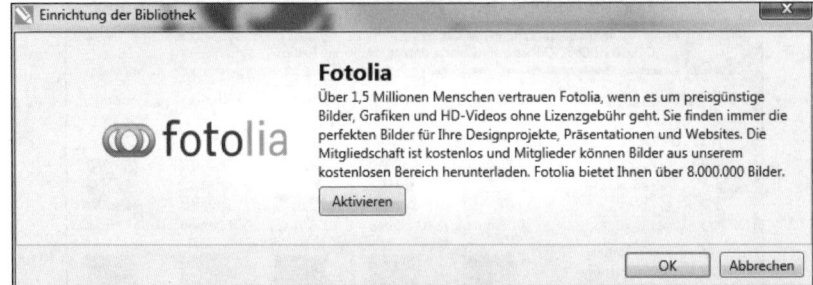

Abb. 6.9: Bilder aus dem Internet

Klicken Sie in das Suchfenster und geben Sie ein Stichwort hinsichtlich des gesuchten Bildes ein, z.B. Auto. Bestätigen Sie mit ⏎.

Auf der rechten Seite werden Ihnen nun die gefundenen Bilder angezeigt.

Abb. 6.10: Bilder aus dem Internet

Es müssen aber nicht immer nur Bilder aus dem Internet sein. Auf der DVD, die das Programm enthielt, befindet sich eine reichhaltige Sammlung fix und fertiger sogenannter ClipArts und Fotos. Diese sind sogar nach Themen in unterschiedlichen Ordnern zusammengefasst.

Auch wenn es sich bei den Grafiken um viele amerikanische und kanadische (der Heimat von CorelDRAW) Motive handeln, finden Sie zu fast jedem Bereich einen Ordner mit entsprechenden Bildern.

Legen Sie die CorelDRAW-DVD in Ihr Laufwerk ein und aktivieren Sie im Bereich *Ordner* das Kontrollkästchen vor der Laufwerksbezeichnung. Anschließend suchen Sie den Ordner *Content*, der eine Reihe von verschiedenen Ordnern mit Bildern enthält.

Wenn Sie auf einen der Ordner klicken, wird Ihnen eine Reihe von Grafiken angezeigt, die einen durchnummerierten Namen tragen.

TIPP

Stellen Sie über den Regler der Schaltfläche *Ansicht ändern* auf der rechten Seite die Anzeige so ein, dass Sie die Grafik besser erkennen können.

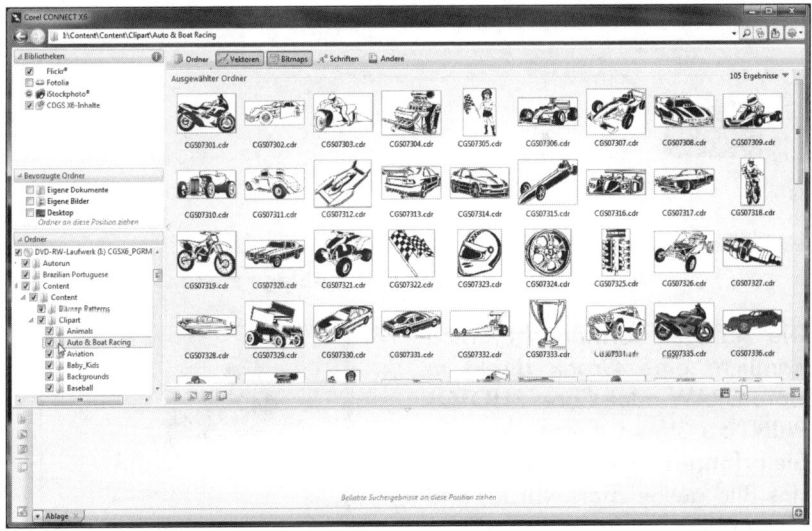

Abb. 6.11: Wählen Sie aus dem großen Angebot Ihren Favoriten

Das weitere Vorgehen ist bei allen Bildfunden gleich. Haben Sie das für Ihr Projekt passende Bild gefunden, ziehen Sie es mit gedrückter Maus in die Ablage.

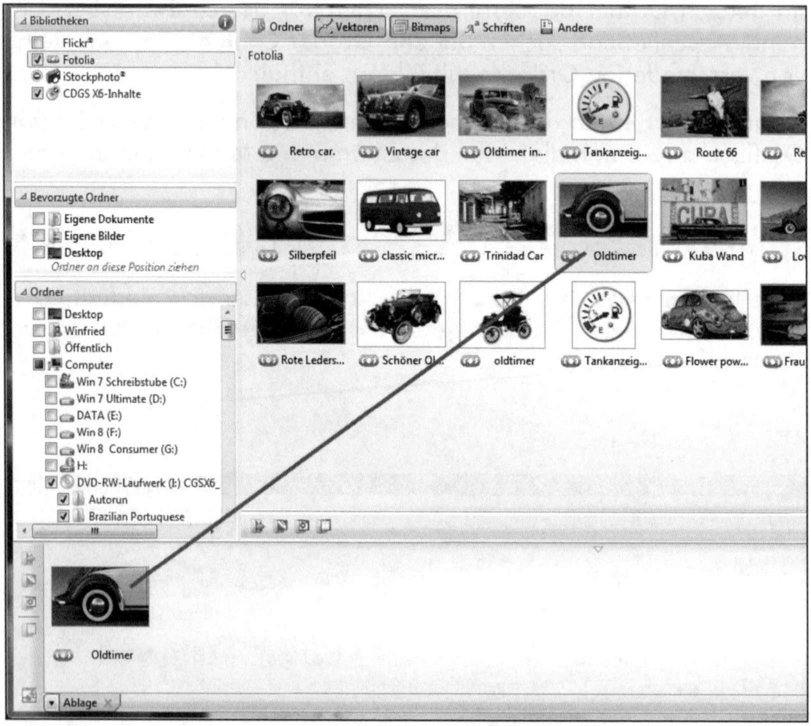

Abb. 6.12: Die Grafik in die Ablage ziehen

Die Ablage" ermöglicht Ihnen nämlich, eine Grafik direkt in CorelDRAW oder Corel PHOTO-PAINT zu öffnen. Ferner können Sie erfahren, in welchem Ordner das Bild gespeichert wurde, und diesen gleich öffnen.

Abb. 6.13: Die Ablage ist sehr hilfreich

Font Navigator

Der Font Navigator ist eine Hilfsanwendung für alle Aufgaben der Schriftenverwaltung. Gleich, ob Sie die auf Ihrem Computer vorhandenen Schriften überblicken wollen oder neue installieren möchten, mit dieser Anwendung können Sie das auf einfache Weise tun.

Beim ersten Aufruf müssen Sie angeben, auf welchen Laufwerken nach Schriften gesucht werden soll. Aktivieren Sie das Kontrollkästchen vor dem betreffenden Laufwerk sowie das Kontrollkästchen unterhalb der Liste für den Fall, dass die untergeordneten Ordner mit einbezogen werden sollen.

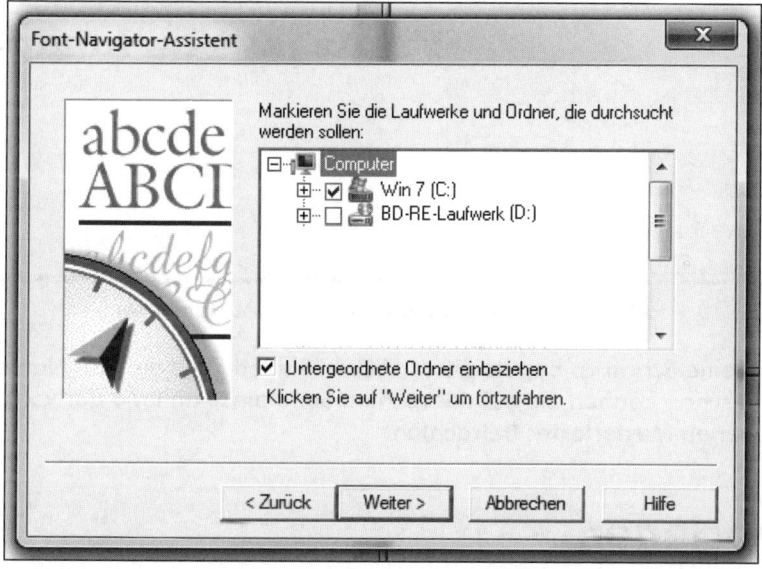

Abb. 6.14: Wo soll überall nach Schriften gesucht werden?

Nachdem Sie mit *Weiter* bestätigt haben, bekommen Sie den Hinweis, dass die Anwendung eine integrierte Anbindung an *MyFonts.com* besitzt. Über diese Internetplattform können Sie weitere Schriften erwerben und gleich auch installieren.

Nachdem Sie das letzte Fenster mit *Fertig stellen* geschlossen haben, werden alle Schriften gesucht. Unmittelbar danach wird die Anwen-

Verwaltungsarbeiten

dung gestartet und Sie erhalten auf der linken Seite eine Übersicht über alle gefundenen Schriften.

Abb. 6.15: Schriften wählen im Font Navigator

Um eine Schrift zu begutachten, klicken Sie lediglich auf den Namen und schon können Sie auf der rechten Seite diese anhand des vorgegebenen Mustertextes betrachten.

Vorlagen

Man muss nicht ständig das Rad neu erfinden. CorelDRAW bringt eine Reihe interessanter Vorlagen für viele Zwecke mit, die Sie problemlos einsetzen können. So können Sie Werbebanner, Flugblätter, Anzeigen, Berichte oder sogar T-Shirt-Designs ohne größere Probleme entwerfen oder an Ihre Bedürfnisse anpassen.

Rufen Sie in CorelDRAW die Befehlsfolge *Datei / Neu aus Vorlage* auf, um an das entsprechende Startfenster zu gelangen.

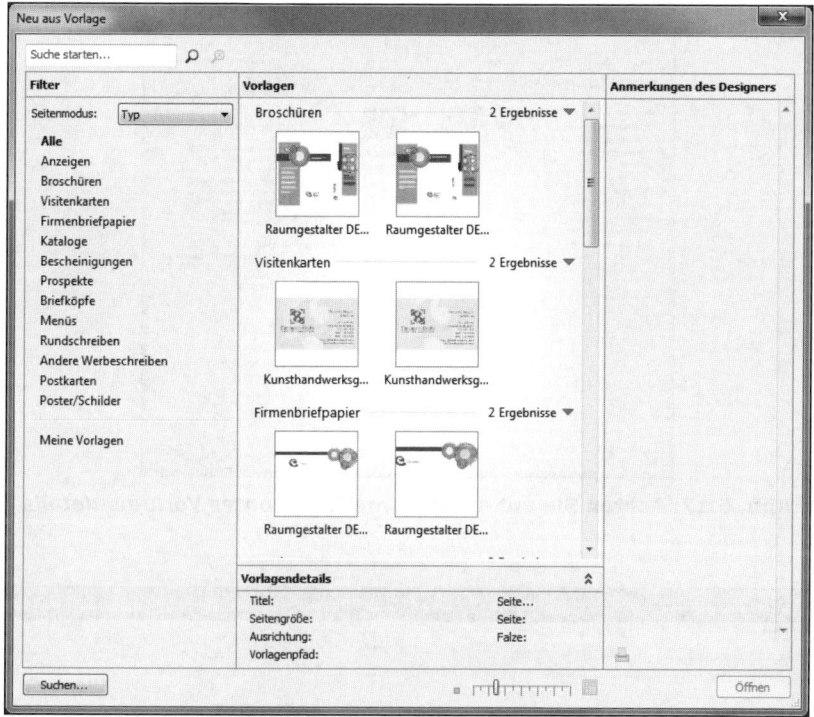

Abb. 6.16: Vorlagen für viele Zwecke

Auf der rechten Seite des Fensters *Neu von Vorlage* finden Sie die Kategorien, nach denen die Vorlagen sortiert sind.

Nachdem Sie die Kategorie über die Liste *Filter* eingeschränkt haben, suchen Sie in der mittleren Liste die gewünschte Publikationsart aus. Dazu werden Ihnen unterhalb der Vorlagen die wichtigsten *Vorlagendetails* und auf der rechten Seite die *Anmerkungen des Designers* eingeblendet (siehe Abbildung 6.17).

Mit einem Klick auf die Schaltfläche *Öffnen* wird die gewählte Vorlage in CorelDRAW geöffnet und kann nun bearbeitet werden (siehe Abbildung 6.18).

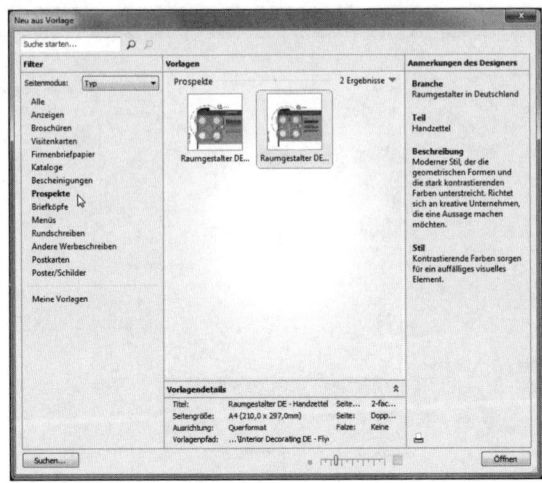

Abb. 6.17: Achten Sie auf die Informationen unter *Vorlagendetails*

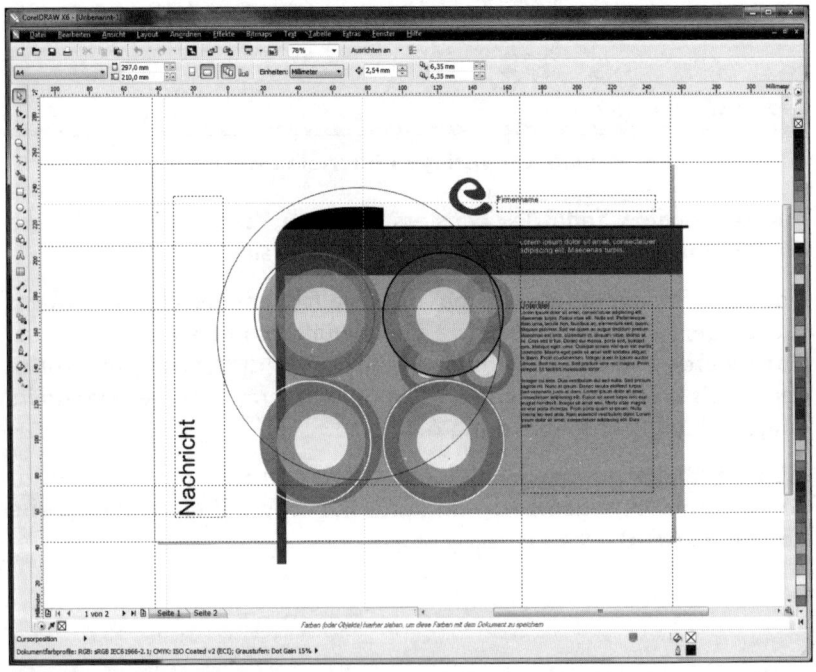

Abb. 6.18: Die geöffnete Vorlage in CorelDRAW

Index

Symbols
3D-Effekte 156

A
Ablage
 Corel CONNECT 200
Additiver Modus 107
Andockfenster 28, 73
 Objekte 97
Anzeigekapazität
 überschrittene 140
Auflösung 76
Auf Seitenbreite zoomen 67
Ausdruck 172
Auswahlbegrenzung 100
Automatische Anpassung 85

B
Bildanpassungseditor 87
Bildbereiche freistellen 100
Bilder
 anpassen 85
 auf Datenträger speichern 77
 aus dem Internet 197
 automatische Anpassung 85
 beschneiden 83
 drehen 82
 einscannen 73
 gerade richten 90
 holen 74
 retuschieren 96
 verwalten 195
Bildplatzhalter 185, 186
Bildqualität 91
Bildschirmfoto 192
Bildtypoptionen 74

Bitstream Font Navigator 22, 201
BMP 78

C
Collage 109
Corel-Assistent für den manuellen
 Duplexdruck 174
Corel CAPTURE 21, 192
Corel CONNECT 20, 195
CorelDRAW 18, 26
 Datei anlegen 29
 Datei einrichten 29
 Publikation 119
 Startbildschirm 27
 Vorlagen 202
CorelDRAW Graphics Suite
 deinstallieren 23
 installieren 12, 13
 warten 23
Corel PHOTO-PAINT 19, 72, 156
 Corel CONNECT 200
 Startbildschirm 73
Corel Website Creator 178
CPT 78

D
Datei
 importieren 133, 144
 neue anlegen 29
 öffnen 80
Deinstallation 23
Digitalkamera 79
Doppelbogen-Modus 171
Drehwinkel 160
Druckbereich 124
Drucken 172

Druckvorschau 173
Duplexdruck 174
Duplexing Wizard 22

E
Effekte
  PowerClip 169
  Seite aufrollen 156
Eigenschaftsleiste 28, 73
  Hilfslinien 35
Einfache Auswahlformen
  erstellen 101
Einfacher Umriss 30
Einzelbogen-Modus 171
Ellipsenmaske 101
Entwurf 30
Erfassungstyp 192
Extrusion 159, 160
  aufheben 162

F
Fangpunkten 164
Farbbild 74
Farbe
  anpassen 88
  Sättigung 88
Farbeinblendung 38
Farbkorrektur 88
Farbpalette 28
Farbstiche 88, 93
Farbverlauf 37
Filtern 156
Fluchtpunkt 161
Flyoutmenü 28
Font Navigator 22, 201
Formerkennung 131
Fotomontage 100
Fotos
  vom Scanner 74
  von der Digitalkamera 79

Freihandmaske 104
Freistellaktionen 100
Freistellen
  komplexe Bereiche mit der
  Zauberstabmaske 106
Füllung hierher kopieren 41

G
Ganzseitenvorschau 67
Geraden-Modus 171
GIF 78
Glanzlichter 89
Grafiken verwalten 195
Graustufenbild 74
Gruppierung aufheben 67

H
Hardwarevoraussetzungen 12
Heft 121
Helligkeit 89
Hilfslinien 33
  Einrastfunktion 36
  Grundraster anlegen 123
  horizontale 33, 129
Hilfsmittel
  aktivieren 28
  Ellipse 59
  Form 42
  Formerkennung 131
  Hinterlegter Schatten 57
  Klonen 98
  Maschenfüllung 50
  Überblendung 57
  Zoom 66
Hilfsmittelpalette 28, 73
Hinterlegter Schatten 148
Histogramm 86, 92
Hülle 171
Hüllenmodus 171

I
Illustrationen mit CorelDRAW 25
Importfunktion 163
In Behälter platzieren 169
Installation 13
Internetauftritt 178

J
JPG 78

K
Knotenpunkte 51
Kontrast 89
Kontrastverbesserung 91

L
Lassomaske 105
Layout 120
Linse 96

M
Magnetische Maske 106
Maske 101
  entfernen 103
Maskenüberlagerung 102
Mengentextobjekt 136
  aufteilen 140
Mengentextumbruch 153
Mitteltöne 89

N
Neu erstellen und laden 81
Normal 30
Nullpunkt ausrichten 128

O
Objekte
  an Fangpunkten ausrichten 164
  anordnen 43, 110, 133
  dreidimensionale 159
  exportieren 68
  färben 132
  gruppieren 135
  kopieren 109
  maskieren 109
  platzieren 110
  Schatten 57
  verbinden 165
  verschmelzen 166
  zuschneiden 167

P
Parallelfalz 120
Partielles Laden 82
PDF 79, 173
Pinselmaske 108
Pixelgrafiken 19
PNG 78
PowerClip 163, 169
Primärer Farbmodus 29
Puzzle 163

Q
Qualität des gescannten Bildes
  verbessern 75
Quelle auswählen 74, 79
Querformat 122

R
Rechteckmaske 101
Rechtschreibprüfung 62
RGB 74
RGB-Modell 74

S
Sättigung 89
Scanauflösung 75, 76
Schärfe 94
Schatten 57, 89
Schlagschatten 148

Schriften 201
Schwarz-Weiß-Foto 75
Screenshots 192
    erstellen 194
Scribble 123, 130
Seite
    einfügen 146
    einrichten 120
    Ränder einstellen 124
Seitensortierungsansicht 175
Silbentrennung 144, 152
Site
    anlegen 179
    anpassen 183
    aus Vorlage 179
    erstellen 178
    neu 179
    publizieren 187
    Assistent 179
    Vorschau 182
Spalten 124
Spalteneigenschaften 124
Statusleiste 34
Subtraktiver Modus 107

T
Temperatur 88
Text
    bearbeiten 138
    importieren 150, 151
Textobjekte
    aufteilen 140
Textrahmen verbinden 142
Textumbruch 153
TIF 78
Tönung 89
Tonwert 91

U
Umbruchstil 154
Umriss 30
Uneingeschränkter Modus 171

V
Vektorgrafiken 18
Verbesserung der Bildqualität 91
Verschmelzen 166
Vorherige Versionen anzeigen 82
Vorlagen
    CorelDRAW 202
Vorschaumodus 30

W
Website Creator 178
    Site publizieren 187
Werkzeuge aktivieren 28
Werkzeugleiste 28, 73
Word
    Texte für CorelDRAW 151

Z
Zauberstabmaske 106
Zeichnung
    glätten 131
    öffnen 199
Zeilenschaltung 138
Zeilenwechsel
    automatischer 137
Zoomfaktor 66
Zuschneiden 167
    und laden 81
Zwischenablage 146